내 아이를 위한 30일 인문학 글쓰기의 기적

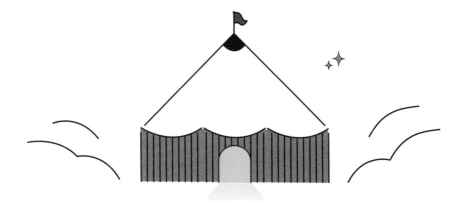

내 아이를
위한

30일
인문학 글쓰기의
기적

김종원 지음

차례

2장

글쓰는 태도를 만드는 '30일 필사의 기적'

3장

문해력을 기르는 '30일 인문학 질문'

4장
인문학 글쓰기를 완성하는 '30단어의 비밀'

아이의 모든 인생은
글쓰기로 결정된다

조금은 도발적인 제목이라고 생각하는 분들도 계시겠지요. 아이의 인생이 글쓰기를 통해 결정된다고 하니 말이죠.

우리는 왜 글쓰기를 배우려고 하는 걸까요? 여러분이 이름만 들어도 알 만한, 페이스북 창업자 마크 저커버그와 애플의 창업자 스티브 잡스, 한국의 지성 이어령 선생과 투자자 워런 버핏까지 한 시대를 이끄는 세계의 지성과 각 분야의 대가들도 인생에서 글쓰기 능력을 매우 중요하게 생각했습니다. 이들에게 "앞으로의 세상을 제대로 살기 위해 가장 필요한 능력이 무엇이냐?"라고 물으면 대부분 단

하나, '글쓰기 능력'을 뽑았을 정도였으니까요.

이유가 뭘까요? 중요한 건 바로 질문에 있는 '제대로 살기 위해서'라는 표현에 있습니다. 남이 시키는 일만 하는 것이 아니라, 세상이 좋다는 것만 받아들이는 것이 아니라, 스스로 자기 삶을 주도하며 제대로 살기 위해서는 글쓰기 능력이 반드시 필요하기 때문입니다.

다시 묻습니다.

"그럼 이제 우리는 어떻게 해야 하는 걸까요?"

물론 지금도 수많은 부모가 아이에게 좋다는 방법을 통해 글쓰기를 시키고, 문해력과 창의력이 향상되기를 간절히 바라고 있습니다.

그런데 결과는 어떤가요? 만족스러운가요? 아니면 시간만 흐르고 마음은 더 초조해진 상태인가요? 마음처럼 잘되지 않는다면 그 이유는 무엇인가요? 그 이유는 제가 이 책을 쓴 목적과도 같습니다.

지난 30년 이상 글을 쓰며 제가 발견한 최고의 글쓰기 비법이 담긴 '30일 인문학 글쓰기의 기적'은 그저 글을 잘 쓸 수 있는 방법만 전하는 데 그치지 않습니다. 간절한 마음으로, 다음 다섯 가지 사항이 완벽에 가깝게 담기기를 바라며 글을 썼습니다. 그게 뭔지 살펴볼까요.

차분하게 하나하나 읽어보세요.

1. 기쁨 가장 효과적인 실천법을 통해 행복하고 즐거운 마음으로
   쓰기
2. 과정 자신에게 도움이 되는 진실한 시행착오를 거쳐 진짜 배우
   는 과정을 경험하기
3. 재능 글을 쓰며 내면에 숨겨진 자신만의 특별한 목소리 찾아내기
4. 내면 어떤 상황에서도 자신을 잃지 않는 탄탄한 내면의 힘 기르기
5. 지성 스스로 공부하는 자세와 어떤 상황에서도 흔들리지 않고
   중심을 지키는 지성인의 기품 있는 태도 겸비하기

'쓰는 기쁨', '배우는 과정', '자신만의 재능', '탄탄한 내
면', '지성인의 기품'. 이 다섯 가지 사항이 바로 인문학 글
쓰기를 구성하고 있는 재료입니다. 오랫동안 각자의 분야
에서 일가를 이룬 대가들이 글을 쓰던 방식이지요.
  글을 쓴다는 것은 자신을 쓰는 일입니다. 그래서 고대
그리스 시절의 소크라테스에서 시작한 인문학 글쓰기를
제가 여러분에게 소개하는 데 30년이라는 시간이 필요했
답니다. 시간을 아무리 투자해도 전혀 아깝지 않은 가치
있는 일이었으니까요.

글을 쓰는 과정은 단순히 텍스트를 종이에 쓰는 것만을 의미하지 않습니다. 자신이 매일 일상에서 마주하는 수많은 상황에서 무언가를 배우고 때로는 실패하며, 내면에 조금씩 접근해 그동안 몰랐던 자신의 재능과 가치를 발견하는 일이기도 하기 때문입니다.

그 과정이 아름다워진다면 우리는 아이에게서 스스로 진리를 추구하는 자세와 어떤 상태에서도 변질되지 않는 지성인의 기품 있는 삶을 기대할 수 있게 됩니다. 이 책이 바로 사랑하는 우리 아이들에게 그런 기적을 선물하는 아름다운 순간이 될 것입니다.

글을 쓴다는 것은, 그리하여 아이의 삶이 가장 아름답게 바뀐다는 것은 얼마나 소중한 일인가요. 우리는 지금 모두 그 앞에 섰습니다. 뒤로 물러서지만 않는다면 이 모든 것은 여러분과 아이가 곧 맞이할 미래입니다.

여러분의 내일을 기대합니다.

김종원

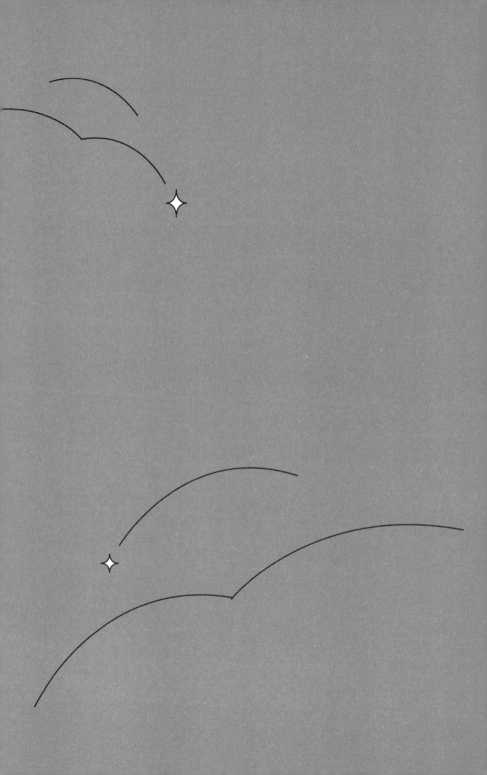

1장

'읽는 방식'을 바꿔야
'쓰는 삶'을 시작할 수 있다

아이의 내면을 탄탄하게 다지는 인문학 글쓰기의 기적

세상에 자신이 쓴 글을 공개한다는 것은 무엇을 의미하는 걸까요? 그것은 그동안 자신이 어떻게 살았는지, 스스로 경험한 인생에 대한 이야기를 들려주는 것과 같습니다. 때로는 자신이 넘칠 수도 반대로 부끄러운 마음이 들 수도 있지요. 게다가 타인의 반응은 예상이 불가능해 불안한 마음은 더욱 커지게 마련입니다.

하루는 이런 이야기를 제 SNS에 올렸습니다. 한번 읽어 보시겠어요.

"최근 15년 만에 텔레비전을 구매했다. 내 머릿속에 텔레비전은 29인치면 적당하고 50만 원 정도면 충분하다는 개념이 잡혀 있어서 그동안 그 원칙을 지키며 살았다. 굳이 화면을 크게 확대해서 봐야 할 이유가 없는 데다가 그걸 위해 내야 하는 물질이 너무 과하다고 생각해서 그렇다."

제가 쓴 글에 어떤 내용의 댓글이 달렸을까요? 예상되는 댓글은 이런 것들입니다.

"돈을 써야 경제가 돌아가죠. 좀 많이 쓰고 사세요."

"인생의 즐거움을 화면에서 찾는 사람도 있습니다. 다양성을 좀 갖추세요."

"텔레비전을 만드는 사람들의 노동 비용을 너무 박하게 책정한 것 아닌가요. 사람을 귀하게 생각합시다."

예상되는 주요 댓글만 나열해도 이렇게 다양합니다. 누군가는 경제 이론을 강의하고, 누군가는 세상을 바라보는 다양성을 이야기하고, 또 누군가는 노동의 가치를 말하며 저를 가르칩니다. 댓글의 다양성 역시 각자 자신이 살아온 그들의 인생을 증명합니다.

이때 제가 반박할 말이 없는 것은 아닙니다. 그렇다고 이 모든 비난과 비판에서 벗어나기 위해 모든 의견을 더해서 글로 쓸 수는 없습니다. 그럼 아무것도 아닌 무색무취의 글이 되어버리기 때문입니다. 꼭 기억해야 합니다. 우리는 모두에게 동의를 구하거나 변명을 위해 글을 쓰는 게 아닙니다.

글을 쓴다는 것은 자기만의 의견을 제시하는 것인데 자신의 경험을 바탕으로 그 의견 자체를 묵살하면 말이 통하지 않습니다. 그렇다고 하나하나 반박하는 것 역시 좋은 방법은 아닙니다. 가장 좋은 방법은 "그런 사람도 있구나."라고 생각하며 바람처럼 스치는 것입니다.

어떤 글이든 비난과 비판에서 자유로울 수는 없습니다. 비난과 비판을 웃으며 넘길 용기를 가져야 한 줄의 글을 쓸 수 있습니다. 그래서 아무리 글쓰기를 배워도 한 줄도 쓰지 못하는 사람들이 있는 것이지요. 내면이 탄탄하지 않아서 비난과 비판의 글을 스칠 용기를 내지 못하기 때문입니다.

글쓰기는 용기를 내야 할 수 있는 가장 수준 높은 지적 행위입니다. 아이들 역시 마찬가지입니다.

자신의 생각과 의견을 믿고 세상에 보여줄 수 있도록, 다음 여덟 가지 조언을 꼭 기억하게 해 주세요. 긴 글이 아니니 필사와 함께 낭독을 하면 더욱 효과가 좋습니다.

1. 글을 쓸 때는 남에게 배운 것은 잊자. 그건 남이 쓰면 되니까.

세상에서 가장 특별한 글은 내가 보고 느낀 것을 생생하게 쓰면서 얻을 수 있다.

2. 공부하듯 쓰지 말자. 글쓰기는 공부가 아니다. 배운 것을 쓴 다고 생각하지 말고, 지금 알고 싶은 것에 대해서 쓴다고 생 각하면 훨씬 마음이 편해진다.

3. 글을 쓸 때는 장소가 매우 중요하다. 불편한 장소는 마음까 지 불편하게 만들기 때문이다. 평화로운 마음이 드는 나만의 편안한 장소를 찾자.

4. 아무도 내게 따로 글 쓸 시간을 주진 않는다. 그래서 글쓰기 는 스스로 자신에게 기회를 허락하는 일이다. 더 멋진 나를 만드는 글쓰기를 당장 시작하자.

5. 다르다는 것은 아름다운 일이다. 처음 글을 쓸 때 모두가 같은 주제로 시작하지만 결과는 모두 다르다. 생각이라는 양념이 들어갔기 때문이다. 남과 다르게 생각한다는 것을 자랑스럽 게 생각하자.

6. 독서와 글쓰기가 지성을 키우는 데 참 좋은 것은 모두 알고 있 지만, 실천하기 힘든 이유는 가치를 모르기 때문이다. 매일 독 서와 글쓰기가 내게 왜 필요한지 생각하며 스스로 필요성을 발견하자.

7. 늘 시작이 어렵다. 그러니까 일단 시도해보자. 누가 뭐라고

해도 나만 내 생각과 글을 믿고 기대하면 된다. 시작이 곧 기적이라는 말을 굳게 믿자.

8. 문법에 맞고 띄어쓰기를 제대로 했는지도 중요하지만, 가장 중요한 것은 진실한 글을 써야 한다는 마음을 잃지 않는 것이다. '제대로'라는 문법이 아닌 '진실로'라는 마음에 따르자.

필사와 낭독까지 모두 마치셨나요? 그럼 이제 가장 중요하면서도 근사한 사실을 하나 알려드릴게요. 제가 그동안 인문학 글쓰기 강연을 하며 느낀 지혜인데요. 100명에게 글을 쓰며 살아야 한다고 말하면 모두가 공감하지만, 당장 제 말을 실천해서 글을 쓰는 사람은 10% 정도인 10명에 불과합니다. 그마저도 다시 30일이 지나면 단 한 사람만 남고 아홉 명은 글쓰기를 포기하지요.

이게 과연 무슨 말일까요? 한 달 동안 포기하지 않고 글을 쓰면, 1%의 주인공이 될 수 있다는 말입니다. 이보다 쉽게 세상의 1%, 즉 1등을 할 수 있는 쉽고도 멋진 방법이 또 있을까요? 시작하지 않을 이유가 없겠죠. 또한 중간에 멈출 이유도 없습니다. 그저 한 달만 쓰면 되는 거니까요.

자, 이제 뜨겁게 달아오른 마음으로 시작합시다.

학습만화에서 글밥이 많은 책으로 자연스럽게 이동하려면

"학습만화 세계에 발을 디딘 그날을 후회합니다."
"글밥이 많은 책을 읽게 하려면 어떻게 해야 할까요?"

강연에서 가장 자주 받는 질문 중 하나입니다. 정말 답답하고 마음도 아픕니다. 질문하시는 부모님의 표정에 절실한 마음이 담겨 있기 때문입니다.

우리 아이를 유혹하는 달콤한 학습만화 세계에서 탈출해서 부모가 생각하는 진짜 책을 읽으려면 어떻게 해야 할까요? 물론 이런 생각을 하는 분도 계시지요.

"학습만화도 책인데, 글쓰기에 도움이 되지 않을까요?"

실제로 이런 생각을 고민하는 부모가 많습니다. 반대로 하나 묻고 싶습니다.

"매일 책 한 권 이상의 학습만화를 읽을 정도로 독서에 몰입하지만 정작 글을 쓰라고 하면 한 줄도 쓰지 못하는 아이에게는 대체 어떤 문제가 있는 걸까요?"

이유는 간단합니다. 독서량은 평균 이상이지만 글은 전혀 쓰지 못하는 아이들에게는 공통점이 하나 있습니다. 그건 바로 '그림만 읽는다는 것'입니다. 읽으려고 샀던 책들이 거의 그림만 가득한 책이었던 셈이죠.

간혹 "우리 아이는 그림보다 글자가 많은 책도 가끔 읽어요."라고 항변하는 부모도 있습니다. 그런 경우에도 마찬가지입니다. 아이는 책에 담긴 글자는 건너뛰고 그림만 보고 있을 가능성이 매우 높습니다. 결국 아이는 책을 읽는 것이 아니라 자극만 주는 TV나 유튜브 영상을 시청하고 있었던 것입니다. 충격적인 이야기일 수도 있습니다.

물론 그림만 읽는 것을 나쁜 독서라고 말할 수는 없습니다. 그림책과 만화책이 주는 가치도 분명 존재합니다. 하지만 그 가치를 제대로 받으려면 하나의 단서가 필요합니다. 각종 이미지를 텍스트로 변환해서 표현할 수 있는, 이른바

문해력이 높은 아이만이 만화책에서도 질 높은 영감을 발견할 수 있으니까요.

이게 과연 무슨 말일까요? 같은 만화책과 그림책을 읽어도 다른 결과를 창조하는 아이가 있습니다. 그렇죠? 아마 주변에 있는 누군가를 떠올리셨을 겁니다. 만화책만 읽었는데 세계적인 석학이 된 사람도 있습니다. 그 차이가 바로 우리가 주목해야 할 지점입니다.

삶의 다양한 영역에서 만나는 이미지에서 느껴지는 것을 글자로 바꿔서 표현할 수 있다면, 그 아이는 요즘 세상에 범람하는 유튜브를 비롯하여 온갖 영상을 시청하면서도 다른 아이들과 다른 것을 발견하고 창조할 수 있게 됩니다. 그런 삶을 살기 위해 필요한 것이 바로 글쓰기입니다. 글쓰기는 자신이 느꼈던 어떤 풍경이나 그림 혹은 다양한 관계에서 일어난 일을 글자로 바꿔서 표현하는 과정입니다.

앞으로 저와 함께 인문학 글쓰기를 배우면서 우리 아이가 그런 훈련을 자연스럽게 할 수 있게 될 겁니다. 그래서 매일 한 줄이라도 글을 쓰는 게 좋다고 말하는 겁니다. 매일 한 줄의 글을 쓴 시간과 노력은 결코 사라지지 않기 때문입니다.

아이의 이런 모습을 희망하는 여러분께, 이 책을 더욱 집중해서 읽을 것을 제안합니다.

～～～

1. 학습만화에서 벗어나 글밥이 많은 책을 자연스럽게 선택하는 아이

2. 각종 동영상과 사진이나 그림 등의 이미지에서도 텍스트를 발견하는 아이

3. 혼자 앉아서 30분 이상 집중해서 책을 읽을 수 있는 아이

～～～

이 모든 것을 인문학 글쓰기를 통해서 조금씩 실현할 수 있습니다. 그냥 하는 말이 아닙니다. 인문학 글쓰기를 실천한다는 것은 아이가 내면에서 일어난 모든 상황과 영감을 붙잡아 둔다는 사실을 의미합니다. 글을 쓰는 동시에 모두의 것에서 '자신만의 것'을 만드는 셈입니다. 아주 사소한 것 하나만 봐도 그 아이는 거대한 창조의 비밀을 발견하며 그 의미를 확장해나갈 겁니다.

독서와 글쓰기는
아무런 상관이 없습니다

"책을 그렇게 좋아하면서 글쓰기를 못하는 이유는 뭘까요?"

"틈만 나면 책을 읽는데 글은 어떻게든 쓰지 않으려고 하네요."

강연에서 자주 받는 질문입니다. 바로 독서와 글쓰기에 대한 연관성을 묻는 질문이지요.

주변에서 이런 이야기를 많이 합니다.

"많이 읽어야 글도 잘 쓸 수 있다."

"독서량이 아이의 글쓰기 실력을 결정한다."

그런데 그게 정말 맞는 말일까요? 맞기도 하고 틀리기도 합니다. 죄송하게도, 답이 조금 애매하죠. 그 이유를 설명하기 전에 우리는 먼저 이런 질문 자체가 잘못된 생각에서 나온 것이라는 사실을 알아야 합니다.

우리 자신의 삶을 돌아보죠. 출퇴근길에 늘 책을 읽을 정도로 독서는 정말 좋아하지만 정작 글은 전혀 쓰지 않거나 쓰지 못하는 사람이 많습니다. 어른도 아이와 별반 다르지 않죠. 이처럼 자신과 아이를 따로 분리해서 생각하지 않으면 답은 쉽게 드러납니다. 이제 아이가 책은 좋아하지만 글을 전혀 쓰지 않는 이유도 이해할 수 있을 겁니다.

물론 독서 그 자체는 글을 쓰는 데 큰 도움이 됩니다. 이것은 무시할 수 없는 사실입니다. 하지만 모든 독서가 바로 글쓰기 능력의 성장으로 연결되는 것은 아닙니다. 우리가 주목해야 할 핵심 포인트가 바로 여기에 있습니다.

다음은 책을 읽을 때 꼭 기억해야 할 세 가지 질문입니다.

〰〰〰

1. 나는 왜 이 책을 읽고 있는가?
2. 책을 읽으며 무엇을 얻고 싶은가?

3. 책에서 얻은 것을 일상에서 어떻게 활용할 수 있는가?

〰〰〰

이 세 가지 질문이 있어야 비로소 읽는 시간이 쓰는 시간으로 옮겨가 멋진 글로 탄생하게 됩니다. 꼭 기억해야 합니다. 질문이 없는 독서는 그저 시간을 낭비하는 행위에 불과합니다.

"이 책 꼭 읽어야 한다. 다들 추천하는 책이니까."

"친구들도 다 읽던데, 너도 읽어봐라."

이런 식의 독서는 지성을 완성하는 길이 아닌 지성을 망치는 지름길로 아이를 안내할 가능성이 높습니다. 글쓰기를 위해서 책을 읽는다면 더욱 위에 제시한 질문을 통해 독서를 시작해야 합니다.

이 세 개의 질문을 아이 스스로 쓰게 한 후 책상에 붙여서, 시시때때로 바라보게 하는 게 좋습니다. "에이, 그건 너무 오버하는 거 아닌가?", "굳이 그럴 필요까지?"라고 생각할 수도 있습니다. 하지만 한번 굳은 아이의 습관은 그렇게 쉽게 바뀌지 않습니다.

제가 직접 독서와 글쓰기를 가르쳤던 학생들도 짧게는 한 달, 길게는 여섯 달 정도 세 개의 질문을 책상에 붙여두고 매일 확인하고서야 비로소 긍정적인 변화를 시작할 수 있었으니까요. 이렇게 세 개의 질문을 가슴에 품고 책을 읽어야 텍스트를 읽고 느낀 기억이 선명하게 남을 수 있습니다.

또, 질문하고 답하는 과정을 통해 새로운 시각을 발견할 수 있으며, 자신의 하루 일상에 적용할 방법을 생각하면서 같은 지식을 다른 영역에 변주하는 방법을 스스로 터득할 수 있습니다.

가장 중요한 것은 그 모든 것이 바로 글이 될 수 있다는 사실이며, 글쓰기 능력까지 스스로 갖출 수 있게 된다는 것입니다. 인문학 글쓰기를 시작하기 위해 매우 중요한 부분이니 꼭 기억하고 실천해주세요.

지금은 우리 아이의 글쓰기가 막막하게 느껴질 수 있습니다. 하지만 걱정하지 말아요. 뭐든 생각만 하면 어렵게 느껴지지만, 일단 시작하면 쉬워지고 자신만의 방법이 보이니까요.

지식을 아는 것과 이해하는 것은 어떻게 다를까요?

아이와 함께 책을 읽을 때 여러분은 어떻게 하나요? 가장 흥미로운 부분에서 잠시 멈춰서 "다음 이야기가 어떻게 진행될 것 같니?"라고 물어보시나요?

이 방법이 아이의 창의력 발달에 좋다는 것은 이미 많은 분들이 알고 있을 겁니다. 하지만 이를 실천하는 부모는 많지 않습니다. 또한, 많은 부모들이 그때 아이가 어떤 대답을 하든 "어렵게 생각하지 말자. 작가는 누구나 될 수 있단다. 그저 자신의 생각을 쓸 수 있다면 말이지."라고 말하는 것이 일상의 글쓰기를 실천하는 데 좋다는 사실도 잘 알고 있을 겁니다.

그런데 어떤가요? 말로는 쉽게 내뱉을 수 있는 방법들이 왜 현실 세계에서는 잘 통하지 않는 걸까요?

아무리 설명하고 반복해도 읽고 쓰는 삶에 접속하지 못하는 이유는, 바로 드라마를 시청하는 부모의 삶에서도 찾을 수 있습니다. 스스로에게 한번 질문해 보시겠어요?

"나는 드라마의 가장 흥미로운 부분에서 시청하던 장면을 멈추고 다음 장면을 예상한 적이 있는가?"

"또 그렇게 상상한 것을 다음 장면을 확인하기 전에 글로 써본 적이 있는가?"

어떤가요? 지식을 단순히 아는 것은 누구나 배우면 할 수 있는 기계적인 행위입니다. 하지만 기계는 새로운 것을 창조할 수 없습니다. 이유는 간단합니다. 자신이 배운 것과 경험하는 것을 전혀 이해하지 못하기 때문입니다.

독서와 글쓰기의 가치를 아이에게 전하고 싶다면, 다음 장을 빨리 읽고 싶은데 멈춰서 부모의 질문에 답해야 하는 아이의 답답한 마음을 먼저 생각해보세요. 또 다음 장면이 궁금한데 멈춰서 생각한 것을 글로 쓰라는 부모의 제안에 응해야만 하는 아이의 어려움을 이해해야 합니다. 그런 이해가 기본이 되어있지 않다면, 결국 내가 못하는 것을 아이에게 강요하는 것이 되어버리고 맙니다.

아이에게 독서와 글쓰기의 가치를 알려주고 스스로 하게 하려면, 부모가 먼저 시작하는 게 가장 좋습니다. 뭐든지 부모의 삶에서 먼저 시작하면 언제나 가장 수월합니다. 책이 아닌 드라마에서도 충분히 시작할 수 있는 거죠. 아이와 함께 시청할 수 있는 드라마를 보며 중간에 멈추고 함께 다음 장면을 상상하는 겁니다.

그리고 거기에서 끝내지 말고 상상한 것을 글로도 써보는 거죠. 그럼 다른 말이 필요하지 않습니다. 다음 이야기를 상상하는 것이 왜 중요하고, 왜 그걸 쓰면 누구나 작가가 될 수 있다는 것인지도 굳이 말로 전할 필요가 없습니다. 이미 부모가 자신의 일상에서 삶으로 아이에게 전했으니까요.

이 부분은 앞으로 시작할 아이의 글쓰기 인생에 매우 중요한 역할을 할 것입니다. 글을 쓴다는 것은 새로운 지식을 배우는 일입니다. 이때 모든 아이들은 '단순히 지식을 아는 사람'과 '지식을 이해한 사람'으로 나뉘지요.

지식을 이해할 줄 아는 아이가 되어야 인문학 글쓰기의 효과를 최대치로 경험할 수 있습니다. 지식을 이해한 아이만이 자기 앞에 놓인 분야를 파괴하고 하나로 연결까지 할 수 있기 때문입니다.

부모의 역할이 매우 중요하다는 사실을 다시 한번 자각하며 다음 글을 필사하시길 바랍니다.

아는 사람은 입으로만 전하지만, 이해한 사람은 스스로 실천해서 그 가치를 삶으로 전합니다. 꼭 기억하겠습니다. 부모의 삶보다 강력한 언어는 없다는 근사한 사실을.

아이가 인정받고 싶어하는 마음을 뜨겁게 안아주세요

이 글을 유심히 집중해서 읽어주시길 바랍니다. 아이의 글쓰기 동력을 찾을 수 있는 멋진 근거가 여기에 있답니다.

요즘에는 각자 자신의 SNS를 운영하고 있는 사람이 많습니다. 여러분도 많이 하고 계시지요? 팔로어가 적든 많든 그건 큰 상관이 없습니다. 해본 경험만 기억하며 글을 읽어주시면 됩니다.

각종 SNS를 하다 보면, 직원을 모집하는 글을 본 경험이 있을 겁니다. 상대적으로 규모가 작은 회사의 경우 회사 대표가 직접 자신이 운영하는 각종 SNS를 통해 인재를 구하려는 경우도 꽤 있습니다. 이때 모집 공고 기준에 전혀 맞지 않는 사람들이 쓴 댓글이 올라오기도 하죠.

"내가 조금만 젊었어도 지원하는 건데."

"불러주시면 언제든 저도 일하고 싶습니다."

이들에게는 보통 정년을 앞두거나 이미 퇴직한 교수 혹은 대기업의 임원이라는 공통점이 있습니다. 일명 '고스펙'의 소유자입니다.

그런데 이들은 대체 왜 이런 댓글을 단 걸까요? 사실 그들은 정말 그 회사를 다니고 싶은 마음이 있기보다는, 아마도 이런 답을 듣고 싶다는 마음으로 댓글을 썼을 확률이 높습니다.

"교수님은 저희 회사에 모시기에 너무 고스펙이시죠."

"저희야 정말 영광이죠, 선생님. 언제든 오시기만 하세요."

그런 공고를 올리고 위에 쓴 댓글을 강제적으로(?) 읽고 반응해야만 하는 대표들에게 기분이 어떤지 물어보면 보통 이렇게 답합니다.

"쓸데없는 댓글 좀 안 보고 싶어요. 지원도 하지 않을 거면서 왜 그런 장난을 치는지."

열이면 열 다 그런 마음을 갖고 있습니다.

그들의 입장과 마음을 억지 댓글을 쓰는 고스펙의 당사

자들도 모르는 건 아닐 겁니다. 그럼에도 그런 댓글을 올리는 이유는 뭘까요. 그것 역시 간단합니다.

〰〰

타인에게 자신의 존재를 인정받고 싶은 마음

〰〰

그들은 속으로 이런 생각을 하고 있습니다.

"나 정도면 아직 쓸 만하잖아, 그렇지 않아?"

"아직은 어딜 가도 누구보다 잘할 수 있지."

결국 여전한 자신의 힘과 능력을 확인하고 싶은 것입니다. 물론 그게 나쁘거나 유치한 건 아닙니다. 인간은 누구나 죽는 날까지 자신의 가치를 인정받고 싶은 마음을 갖고 있기 때문이죠.

하지만 여기에서 가장 중요한 건 우리 곁에 있는 아이도 마찬가지라는 사실입니다. 한번 생각해 보세요. 어른도 그런데 아이는 오죽하겠어요. 혼자 구석에서 무언가를 하다가 기쁜 표정으로 다가오면 무언가를 발견했다는 증거입니다. 그걸 기쁜 마음으로 이야기한다는 것은 무언가를 발견한 자신의 노력과 가치를 인정해 달라는 것입니다.

아이는 그렇게 하루에도 수차례 간절한 눈빛으로 부모의 인정을 바라고 있습니다. 아이의 작은 행동을 알아보고 인정을 해주는 과정은 아이의 내적 성장에 매우 큰 영향을 미칩니다.

글쓰기도 역시 마찬가지죠. 같은 환경에서 자랐지만 훗날 글쓰기 능력을 더욱 빛나게 발휘한 아이들의 공통점 중 하나는 이것입니다.

〰〰

사소한 것 하나에서도 부모의 관심과 인정을 받았다.

〰〰

부모의 인정을 통해 자신이 가치 있는 일을 했다는 자신감을 갖게 됩니다. 그럼 그 내용을 글로 쓰지 않을 수가 없게 되지요.

아이가 쓰지 않고는 견딜 수 없을 정도로 기쁜 순간을 자주 경험하게 해주세요. 어른들도 좋은 일이 생기면 평소에 전혀 쓰지 않던 일기로 써서 남기기도 하잖아요. 마찬가지입니다. 꼭 쓰고 싶을 정도로 아이가 기뻐할 일을 자주 만들어주면 됩니다.

그러기 위해서 필요한 것이 '부모의 발견'입니다. 이제부터 SNS에 쓴 댓글처럼 아이가 일상에서 쓴 수많은 댓글을 발견할 수 있도록 노력해 보세요. 일단 흔적을 발견해야 그걸 기준으로 뭐든 할 수 있습니다. 부모의 지적 능력이 곧 아이의 내적 수준과 능력을 결정하는 이유가 바로 거기에 있습니다. 뭐가 어디에 좋은지는 배우면 누구나 알 수 있지만, 그걸 언제 어떻게 적용할지는 지적 능력이 있어야 가능합니다.

그런 능력은 어떻게 해야 가질 수 있을까요? 이제부터 차근차근 살펴보겠습니다.

'따스한 제안'은 어떻게 '냉혹한 통보'로 바뀌는가?

아이의 작은 변화와 성장을 단번에 알아볼 수 있는 부모의 지적 능력은 어떤 방법으로 기를 수 있을까요? 어렵지 않습니다. 아이를 기르기 위해 필요한 모든 능력은 아이와 일상을 나누는 삶 속에 있으니까요. 자, 아이와 함께 글쓰기를 하는 시간 속으로 들어가보시죠.

글쓰기를 할 때 부모의 언어 중 가장 결정적인 역할을 하는 것이 뭘까요? 바로 제안입니다. 따스한 제안은 그것을 들은 아이에게 당장 부모님의 말을 실천하고 싶다는 마음이 들게 만듭니다.

모든 부모가 처음에는 가장 좋은 목적으로, 게다가 세상에서 가장 따스한 언어로 시작합니다.

"우리 매일 10분 정도 책을 읽으면 어떨까?"

이것은 함께 책을 읽으며 자연스럽게 독서의 가치를 전할 수 있는 매우 멋진 시도입니다. 그게 자연스럽게 글쓰기로 이어지기도 하니까요.

하지만 시간이 지나면서 이 좋은 제안에 다른 마음과 의도가 끼어들기 시작합니다. 다음과 같이 말이죠.

"너 오늘 책 읽었어?"

"읽고 느낌이 어땠는지 설명해줘."

"그 느낌을 오늘 일기로 써보자."

부모는 속으로 "좋아, 자연스럽게 독서를 글쓰기로 연결했어!"라고 생각할 수도 있지만, 아이 입장에서는 '함께'로 시작한 '따스한 제안'이 '혼자' 모든 것을 해내야 하는 '냉혹한 통보'로 바뀐 것에 불과합니다. 동시에 "뭐야, 나 또 당한 거야?"라는 마음이 들게 합니다.

그렇게 되면 처음에는 흥미를 갖고 책을 읽던 아이도 이내 읽지 않겠다고 고집을 부리며 반항하게 됩니다. 그건 아이 입장에서는 정말 당연한 수순입니다. 부모가 그렇게 자신의 기분을 만들었으니까요.

그럼 또 부모는 부모 나름대로 화가 나서 분노하고 혼내는 과정을 반복하게 됩니다. 아이 입장에서는 더 억울한 심정이 되겠죠. 읽고 생각하고 그걸 설명하면서 글로도 써야 하니까요.

"왜, 나만 이런 숙제를 해야 하는 거야!"

"왜 자꾸 이것저것 하라고만 하는 거야."

그러면서 아이는 그 모든 과정에 존재하는 독서와 말하기, 그리고 글쓰기라는 중요한 지적 도구를 한낱 숙제로 정의하게 됩니다. 가장 따스하게 느껴야 할 소중한 가치를 가장 쓸쓸하게 정의한 거죠.

그후 펼쳐지는 이야기는 굳이 말로 하지 않아도 모두가 아는 그대로입니다. 점차 독서를 멀리하고, 조리 있게 말하지 못하며, 더구나 글은 아예 쓰지 않게 됩니다.

중요한 건 이 모든 거대한 변화가 결국 서툰 제안에서 시작된 것이라는 사실입니다. 제안을 통보로 만들지 않기 위해서는 아이를 향한 믿음과 사랑이 필요합니다. 물론 지금도 충분하다는 사실을 알고 있습니다. 다만, 문제는 그것들이 중간중간 우리를 빠져나갈 준비를 하고 있다는 것이죠.

이런 이야기를 들려드리고 싶네요. 다양한 분야에서 성

공한 사람들에게 그 비결을 물으면, 그들의 분야가 서로 다르듯 이유 역시 매우 다릅니다. 그러나 질문을 바꾸면 놀랍게도 답이 하나로 일치하지요. 그 질문과 답은 바로 이것입니다.

〰

"당신이 중간에 포기하지 않은 이유는 무엇인가요?"

"부모님이 나를 믿어주셨기 때문입니다."

〰

맞습니다. 앞서 언급한 부모의 지적 능력을 기르는 방법 역시 믿음 안에 존재합니다. 그저 듣기에 좋은 이야기가 아닙니다. 세상에 아이를 믿는 부모의 마음보다 더 강하고 센 힘이 또 어디에 있을까요. 또한, 굳센 믿음의 시선으로 자신을 바라보는 부모의 눈빛보다 아이를 더 기쁘게 만드는 것이 또 무엇이 있을까요.

아이를 믿으세요. 그건 서로에게 힘을 주는 일입니다. 그 것보다 강력한 힘은 없습니다. 사랑하세요. 더욱 많이 사랑해주세요. 사랑하고 믿을수록, 아이의 삶은 글쓰기와 더욱 가까워집니다.

더 나은 것을 창조하는
방탄소년단의 쓰는 삶

글쓰기가 삶에 어떤 영향을 주는지 굳이 설명하지 않아도 이미 많은 사람들이 체험을 통해서 알고 있습니다. 감정의 기복이 심하고 끝없이 무언가를 창조해야 하는 연예인들 역시 마찬가지로 글쓰기를 통해 자신에게 주어진 일을 멋지게 해내고 있습니다.

진, 슈가, 제이홉, 뷔 등 세계적으로 유명한 가수 방탄소년단도 마찬가지입니다. 모든 멤버가 삶이 힘들고 괴로울 때마다 그걸 글로 써서 표현하며 힘든 나날을 자연스럽게 넘어가는 힘을 얻습니다. 그들이 직접 쓴 가사가 특히 마음에 깊이 와닿는 이유가 바로 거기에 있습니다.

사색의 깊이가 남다른 멤버 RM이 하루는 새벽 2시 42분에 글을 하나 써서 팬 커뮤니티에 올렸는데 그 의미가 매우 특별해서 따로 수정을 하지 않고 원문을 그대로 소개합니다.

〰〰

긴 글쓰기가 점점 어려워집니다만

영영 쓰지 않으면 아예 쓰는 방법을 잊어버릴 것만 같아

간만에 슥 펼쳐봅니다.

〰〰

문법상 틀린 부분도 있고 다소 의미가 분명하지 않은 부분도 있는 게 사실입니다. 그럼에도 제가 수정하지 않고 그의 글을 그대로 옮긴 이유는 무엇일까요?

바로, 쓰는 흐름을 놓치지 않으려는 그의 마음이 선명하게 느껴지는 글이기 때문입니다. 글쓰기의 가치가 무엇인지 제대로 아는 사람이죠. 어떻게든 글을 써나가는 흐름을 끊지 않아야 자신이 제대로 살아갈 수 있다는 사실을 알고 있는 사람의 글이기 때문입니다. 글쓰기가 그의 삶에 매우

커다란 영향을 주고 있다는 증거라고 볼 수 있습니다.

여러분에게 특별한 상황을 하나 제시하려고 합니다. 아이와 함께 생각해보면 더욱 좋습니다. 만약에 샤워를 하는 도중에 멋진 글감이 생각났다면 어떻게 하실 건가요? 참고로 여러분은 안타깝게도 방금 머리에 샴푸까지 한 상황입니다.

1. 특별히 서두르지 않고 샤워가 모두 정상적으로 끝난 후에 나가서 글감을 적는다.
2. 서둘러서 샤워를 끝내려고 노력하며 동시에 떠오른 글감을 계속 생각하며 잊지 않으려고 노력한다.
3. 샴푸를 한 채로 나가서 떠오른 글감을 글로 쓰고 다시 화장실에 돌아와 샤워를 한다.

만약 방탄소년단이었다면, 그중에서도 앞에 소개한 RM이 이와 같은 상황이었다면 무엇을 선택했을까요. 그의 삶은 강렬하게 자신이 3번을 선택할 것이라 외치고 있습니다. 그 사실을 증명이라도 하듯 그는 이렇게 근사한 글을 써서 공개하기도 했습니다. 이번에도 원문을 그대로 옮깁니다. 차분한 마음으로 읽어주세요.

내가 사랑하고 우릴 사랑하는 모든 분들이

가급적 오랜 시간 평안했으면 좋겠다는 생각만큼은

전혀 변함이 없습니다.

그토록 오랫동안 안정과 평안을 찾아 헤맸으나

늘 사람들, 아니 어쩌면 저조차도 일종의 드라마를 원한다는

생각을 지울 수가 없네요.

조금만 안정되면 불안해지는 이상한 병 같아요.

'조금만 안정되면 불안해지는 병'이라는 그의 표현은 현대인의 마음을 정말 완벽하게 나타낸 것이라 볼 수 있습니다. 모두 공감하시죠?

그렇게 매일 일상에서 힘들거나 무너질 것만 같은 순간마다 그 감정을 글로 쓰며 감정을 텍스트로 변환해서 표현하다 보면, 자연스럽게 '감정을 조절하는 능력'과 '새로운 것을 창조하는 힘', 그리고 '깊고 넓은 문해력'을 가질 수 있게 됩니다. 방탄소년단 멤버들의 삶이 그것을 증명합니다. 그들이 세계적인 인기를 얻으며 승승장구하는 데 결정적인 역할을 한 것도 결국 글쓰기라고 볼 수 있습니다.

그들이 글감이 떠오를 때마다 어떤 상황에서든 바로 글로 남기듯, 우리도 어떤 상황에 있든지 매일 자신을 괴롭히는 감정을 글로 써보면 어떨까요. 그건 매일 더 나은 인간이 된다는 의미이니까요. 아이에게도 이 사실을 꼭 알려주세요. 좋은 글을 쓴다는 것은 그 자체로 무엇과도 바꿀 수 없는 귀한 시간이라는 사실을 말이죠.

쓰지 않는 아이를 쓰는 아이로 만드는 단 하나의 습관

아이를 바라보는 부모의 마음에는 다양한 희망이 공존합니다. 모든 부모가 각자 다른 꿈과 희망을 품겠지만, 이것 세 가지는 아마 공통적으로 일치할 것 같습니다.

~~~~

1. 사랑하는 사람들과 좋은 마음을 나누며 사는 것
2. 원하는 것을 하나하나 이루어나가면서 성취하는 것
3. 일상의 소소한 행복을 놓치지 않는 삶

~~~~

이 세 가지 모두 부모가 아이들에게 간절하게 바라는 삶입니다.

그런데 그게 왜 일상에서는 제대로 이루어지지 않는 걸까요. 안타깝게도 원인은 부모의 일상에 있습니다. 예를 들어 설명해보죠. 만약 부모가 텔레비전 방송을 시청하다가 "높은 자리에 올라간 놈들 중에 좋은 사람은 찾아볼 수 없지. 나쁜 놈들만 출세하는 세상이니까!"라고 말한 뒤에, 정작 일상에서 아이에게 다음과 같은 말을 하는 모습을 자주 보여준다면 어떨까요?

"대체 나는 언제쯤 출세를 할 수 있을까?"

"아, 이런 현실이 정말 지긋지긋하다!"

아이 입장에서는 부모의 말이 도저히 이해가 되지 않을 겁니다. 바로 이렇게 들리기 때문이죠.

"나도 빨리 나쁜 사람이 되어서 출세하고 싶다."

부모 스스로 "출세하는 놈들은 나쁜 놈들이다."라고 말했으니 앞뒤가 맞지 않아 도저히 받아들일 수가 없는 것입니다.

이런 상황은 지금도 수많은 가정에서 매우 자주 일어납니다. 물론 부모 입장에서는 그저 답답한 마음을 토로한 것이겠죠. 하지만 그게 무엇인지 아직 잘 모르는 아이 입장에서는 부모가 대체 무슨 말을 하고 있는지, 자신에게는 어떤 인생을 추천하고 있는지를 알 수 없게 되는 것입니다. 나쁜 놈이 되어서 출세를 하라는 건지, 좋은 사람으로 남아서 낮은 위치에 만족하라는 것인지, 더 근본적으로 들어가면 정말 출세한 사람은 전부 나쁜 사람이고 출세하지 못한 사람은 좋은 사람인 것인지도 애매해서 알수가 없지요.

여러분은 제가 왜 이런 이야기를 글쓰기 관련 책에 썼는지 짐작할 수 있으신가요? 네, 그렇습니다. 말과 행동이 일치하지 않는 부모의 삶을 자주 보게 되면 아이는 정신적으로 혼란을 느끼며 어떤 주제에 대한 생각을 하나로 정리하기 힘들어집니다. 혼란을 겪기 때문이죠.

그럼 어떤 결과가 나올까요? 맞습니다. 글을 쓰지 못하게 됩니다. 당연한 결과입니다. 앞뒤가 맞지 않는 부모의 삶은 아이의 생각을 하나로 모아지게 하지 못합니다. 따라서 아이는 글로 쓸 여유와 가치를 느끼지 못하게 되는 것이지요.

만약 아이가 여러분의 말을 듣고 스스로 글을 쓰며 사는 삶을 살기를 바란다면, 모든 부모는 자신의 입술에서 나온 언어를 실제 삶에서 보여주고 있는지 늘 점검해야 합니다.

스스로 인지하지 못한 채 다른 것을 보여주는 부모가 많습니다. 부모가 스스로 말한 것을 삶에서 실천하고 앞뒤가 맞는 일상을 보여주면, 아이는 그걸 보고 글로 쓰지 않을 수가 없습니다. 글이 될 가치를 느끼기 때문이죠.

아래 글을 자주 읽어보며 제가 소개한 말과 행동이 일치하는 삶이 부모와 아이 모두의 습관이 되게 해주세요. 그럼 아이는 놀랍게도 자신의 생각을 조리 있게 정리해서 쓸 수 있는 사람으로 성장하게 될 테니까요.

〰〰〰

만약 아이가 제멋대로 굴어서 고민이라면,
아이가 늘 부모를 보고 있다는 사실을 기억하면 됩니다.
만약 아이가 책을 읽지 않아서 고민이라면,
아이가 늘 부모를 보고 있다는 사실을 기억하면 됩니다.

아이가 인사를 하지 않아서,
아이가 도전을 추구하지 않아서,
아이가 자제력이 없어서 고민이라면,
언제나 단 하나의 답,
아이가 늘 부모를 보고 있다는 사실을 기억하면 됩니다.

아이는 부모가 바꿔야 할 대상이 아니라,

스스로 바뀌는 삶의 주체라는 것임을 기억하세요.

바꾸려고 하지 않고 모범을 보여주면,

그 가치를 깨닫고 아이는 스스로 바뀔 것입니다.

좋은 것은 누구나 쉽게 알아보는 법이니까요.

아이에게 좋은 것을 가지라는 말만 하지 말고,

좋은 것을 자주 보여주세요.

그럼 아이는 그걸 글로 쓰지 않을 수 없을 겁니다.

아이도 좋은 게 뭔지 잘 알고 있으니까요.

〰

'많이 쓴다'는 것은 '많이 봤다'는 말과 같습니다

혹시 여러분은 이런 생각을 해본 적 있으신가요? 자기 앞에 놓인 사물의 이름을 부르는 '아이의 순간'에 대해서 말이죠. 그 순간 아이의 세계에서는 어떤 변화가 일어나고 있는 걸까요?

사물의 이름을 부른다는 것은 아이에게 매우 신비하고 강력한 변화를 주는 에너지 역할을 합니다. 언어는 이미 우리 안에 있던 관습과 행동 양식, 그리고 세포 하나까지도 이전과는 전혀 다른 모습으로 만들어주기 때문입니다.

간단하게 그 효과를 나열하면 이렇습니다.

〰〰

1. 사고의 방향을 최적의 상태로 만들어준다.

2. 누구도 침범할 수 없게 내면을 깊고 탄탄하게 만들어준다.

3. 자신의 가치를 지킬 수 있게 해준다.

〰〰

그 효과를 누리고 싶다면, 일상에서 이런 훈련을 하면 됩니다. 이를테면 산책을 나간 아이가 태어나 처음 장미꽃을 봤다고 생각해보세요. 이때 만약 부모가 "저건 장미꽃이야."라는 사실을 알려주지 않는다면 아이는 세상이 정한 '장미꽃'이라는 이름이 아닌 자신의 눈에 보인 이름을 정해줄 것입니다.

저와 함께 글쓰기를 배웠던 아이들은 이런 이름을 짓기도 했지요.

'태양처럼 뜨거운 꽃'

'가시가 있는 나무'

'빨간색 티셔츠를 입은 아이'

참 창의적이고 다양하지요. 여기에서 중요한 것은 뭘까요? 장미꽃을 태양이나 가시 혹은 빨간색 티셔츠로 상상하고 비유를 했기 때문에 그만큼 쓸 수 있는 이야기의 반경이 넓어졌다는 것입니다. '장미꽃'을 '장미꽃'이라고 부르게 되면 별로 쓸 말이 생기지 않습니다. 전형적인 표현과 가치만 생각나기 때문입니다.

중요한 사실을 하나 알려드립니다.

〰〰

많이 본 사람이 많이 쓸 수 있다.

〰〰

여기에서 본다는 것은 단순히 오랫동안 본다는 물리적 시간을 의미하는 것은 아닙니다. 세상이 정한 기준에서 벗어나 자기만의 눈으로 보는 시간을 말하지요. 어제와 같은 시선으로 본다면 24시간을 봐도 1초도 본 것이 아니겠지요. 달라진 것이 하나도 없으니까요.

이것을 정리하면 다음 세 단계로 구분할 수 있습니다.

1. 아이가 스스로 이름 짓게 하기

세상이 정한 '장미꽃'이 아닌, 아이만의 세상이 정한 다른 이름을 붙일 수 있게 해주세요. 팁을 공개하면, 최대한 가까이에 있어서 익숙하다고 생각하는 것들의 이름을 먼저 짓게 하는 게 좋습니다. 우리는 가까이에 있는 것을 더 제대로 보지 못하기 때문입니다.

2. 자주 보는 것 중심으로 이름 짓기

가까이에서 자주 보는 것들의 이름을 짓는 연습을 하며, 아이가 접하는 언어의 세계를 깊고 넓게 만들어주세요. 그런 기회를 자주 가지는 것 자체가 글쓰기에 엄청나게 많은 도움이 된다는 사실도 잊지 마시고요.

3. 대상의 이름을 알려주는 시기는 최대한 미루기

아무리 답답해도 먼저 대상의 이름을 알려주지 마세요. 그건 아이의 생각을 바로 차단하는 것과 같습니다. 전원을 끄면 당연히 작동을 하지 않겠지요. 아이가 스스로 보고 충분히 생각할 시간과 기회를 갖게 해주세요. 중요한 건 바로 그 과정에 집중되어 있으니까요.

글을 많이 쓴다는 표현에 대해서 세상이 가지고 있는 편견을 하나 소개하려고 합니다. 이 편견을 깨면 아이의 쓰는 속도와 글의 깊이를 동시에 확장할 수 있답니다.

잘 알고 계시겠지만 세상에는 '다작(多作)'이라는 표현이 있습니다. 말 그대로 많은 작품을 창조한다는 말입니다. 좋은 의미로 사용하는 것만은 아니죠. '너무 많이 만든다'는 느낌이 녹아 있으니까요. 하지만 저는 최소한 글쓰기라는 분야에서 '다작(多作)'이라는 표현은 맞지 않다고 생각합니다. 작품은 만드는 것이 아니라 발견하는 것이기 때문입니다.

그래서 이렇게 수정하는 게 맞습니다. '다견(多見)'. '많이 만드는 것'이 아니라, '많이 보는 것'입니다. 만드는 것에서는 한계를 느끼게 되지만 보는 것은 전혀 그렇지 않습니다. 그러므로 글을 쓴다는 것은 자신이 본 것을 어떻게 느끼는지 그것을 기록하는 일이라고 보면 됩니다.

만든다고 생각하면 어렵지만 본다고 생각하면 숨을 쉬듯 쉽게 느껴집니다. 새가 날아가는 모습을 보며 이야기를 만들 필요는 없습니다. 그저 날아가는 모습을 어떻게 느끼는지 그걸 솔직하게 표현하면 되니까요. 보는 것이 곧 쓰는 일입니다. 그러므로 우리는 얼마든지 쉽게 많은 글을 쓸 수 있습니다.

하루는 물리와 기상학에 대해 대화를 나누던 대문호 괴테가 매우 의미심장한 이야기를 했습니다.

"소위 학자로 불리는 수학자들은 아마도 나의 생각을 가

소롭게 여길 테지. 아니면 점잖은 표정을 하며 내 이론을 완전히 무시할 거야. 무엇 때문인지 알고 있나? 바로 내가 전문가가 아니라고 생각하기 때문이야."

그 시절에도 이런 질문은 매우 중요한 화두였습니다. 과연 누가 전문가일까요? 자격증과 학위를 가지면 모두 전문가일까요? 답은 이미 나왔지요. 당시 함께 살던 수많은 학위와 자격증을 가진 전문가들보다 세상은 괴테를 더 전문가로 기억하고 있습니다. 누군가 보고 느낀 것을 머리로 받아들이는 사람이 아닌, 스스로 보고 느낄 수 있는 사람이 되어야 하는 것이지요.

우리는 "볼 수 있다면 쓸 수도 있다."라는 근사한 사실을 알고 있습니다. 전문가란 남이 가르친 것을 아는 사람이 아닌, 스스로 보고 배울 수 있는 사람을 의미합니다.

〰〰

배운 사람이 아닌 본 사람이, 주입한 사람이 아닌 정의한 사람이, 설득하는 사람이 아닌 설명하는 사람이, 그 지식의 진정한 주인으로 살 수 있습니다.

〰〰

30일 글쓰기를 완성하는 3가지 실패의 조건

    모든 아이가 글쓰기에 성공할 수 있다는 내용의 책을 쓰면서 실패를 말하니 조금 이상하죠. 하지만 글을 읽어보면 무엇을 의미하는 실패인지 이해하게 될 겁니다.

    먼저 이 사실을 전하며 시작하고 싶네요. 30일 동안 글쓰기에 필요한 최소한의 능력을 배우고 실천하는 것은 결코 어려운 일이 아닙니다. 몰라서 힘든 거지, 방법만 제대로 알면 그대로 실천하면 되니까요.

    이때 기억해야 할 것이 있습니다. 먼저 잘 써야 한다는 긴장을 풀어야 한다는 겁니다. 아이가 스스로 부담을 최대한 버릴 수 있게 해줘야 합니다. 이건 생각보다 더 중요한 문제이니 꼭 집중해서 들어주세요. 긴장을 한 아이에게 이런 이야기를 들려주는 겁니다.

"나는 너에게 세상이 말하는 잘 쓴 글을 기대하지 않아. 다만 '나만의 글'을 쓴다고 생각하면 좋겠어. 그건 내가 정말 기대하고 있으니까. 누구보다 나는 네 이야기를 읽고 싶어."

아이에게 당장 기대하지 말아야 할 글은 이런 것들입니다.

'문법에 맞게 쓴 글'

'잘 쓴 글'

'술술 읽히는 글'

이걸 기대하지 말아야 한다고 한 이유는 기대할 만큼 대단한 가치를 담은 글은 시작부터 나오기 힘들기 때문입니다. 또한, 부담을 자꾸만 덜어야 빠르게 시작해서 실패할 수 있기 때문입니다.

왜 실패해야 하는지는 다음에 소개하는 3가지 실패의 조건을 살펴보며 자세하게 설명하겠습니다. 아이의 글쓰기를 지도하며 중간중간 실패의 가치와 중요성에 대해서 알려주면 더욱 좋습니다.

1. 빠르게 실패하라.

글쓰기의 대가가 아닌 이상 5분 동안 쓴 글과 한 시간 동안 쓴 글의 수준은 크게 다르지 않습니다. 더 고민한다고 엄청나게 더 좋은 글이 나오지는 않는다는 말입니다. 너무 오랫동안 생각만 하느라 실제로 쓰지 않는 것보다는, 5분 동안 빠르게 써서 먼저 실패하는 게 좋습니다. 어차피 한 시간 고민한다고 갑자기 잘하게 되는 것도 아니니까요.

아이와 함께 '5분 글쓰기'를 해보세요. 긴 글을 쓸 필요는 없습니다. 세 줄 정도만 써도 의미는 충분히 전달할 수 있습니다. 높은 완성도도 필요하지 않습니다. 그저 더 빠르게 완성해서 더 빨리 실패하는 게 목표니까요. 이때 실패는 세상이 말하는 고통이나 충격이 아닌, 도전의 다른 이름으로 아이의 내면에 각인될 것입니다.

2. 다르게 실패하라.

세상도 동의하듯 실패는 좋은 것입니다. 성장하려면 실패는 당연히 통과해야 하는 과정입니다. 단, 오늘의 실패는 과거의 실패와는 조금이라도 달라야 합니다. '다른 실패'는 '다른 차원'으로의 이동을 의미합니다. 다르게 실패해야 우리는 다르게 배우는 방법을 알게 되며, 세상에 없는 또 하나의 길을 발견할 수 있습니다.

글쓰기는 결국 방법을 찾는 일입니다. 같은 내용의 글을 써도 다른 방법을 사용하게 해주세요. 일기 형식으로 쓴 글을 시처럼 바꿔서 쓸 수도 있고, 자신을 주인공으로 쓴 글의 주인공을 다른 사람으로 바꿔서 쓸 수도 있습니다. 그것도 힘들어서 할 수 없다면 "나는 학생이다."라는 식의 반말로 쓴 글을 "저는 학생입니다."라는 식의 존대를 하는 형태로 써서 글의 분위기를 바꿀 수도 있습니다. 끊임없이 다른 길을 찾게 도와주세요.

3. 더 낫게 실패하라.

마지막 단계입니다. 가장 중요한 부분입니다. 누구나 글을 쓰다 보면 분노와 슬픔 등 부정적인 감정이 침범할 때가 있습니다. 그때 조금이라도 나은 형태로 실패하기 위해서는 그 감정에서 벗어나야 합니다. 부정적인 감정에 빠지면 글의 수준이 낮아져서 나아지기 힘들기 때문이죠. 복수를 위해서 혹은 나쁜 마음을 전하기 위해서 쓴 글에는 마음의 빛을 담을 수 없습니다.

글을 쓸 때는 글만 생각하게 해주세요. 친구들과의 일이나 학교에서 있었던 일은, 특히 부정적인 일은 잠시 잊는 게 좋습니다.

"너 이번에 성적 잘 나왔니?"

"네 친구는 이런 책도 읽는다고 하던데 너는 만화책만 읽어서 어쩌니!"

아이의 기분을 망치게 만드는 이런 식의 이야기는 하지 않는 게 좋습니다. 늘 좋은 기분을 유지하는 게 중요합니다. 그것이 곧 더 나은 진실한 실패로 이어지니까요.

글쓰기는 자꾸 실패해야 합니다. 50년을 글만 써도 자꾸만 실패하게 되는 것이 변하지 않는 글쓰기의 이치입니다. 앞서 말했듯 실패는 실패가 아닌 도전을 의미하는 다른 말입니다. 전구를 발명하기 위해 1,000번의 실패를 반복했던 에디슨도 이렇게 말했죠.

"나는 1,000번 실패한 것이 아니다. 전구를 발명하기 위한 1,000개의 과정을 거쳤을 뿐이다."

아이의 모든 실패는 더 나아져서 원하는 모습을 만들기 위한 과정일 뿐이라는 사실을 꼭 기억해주세요. 글쓰기는 결국 실패라는 종이에 쓰는 성공 사례입니다. 자꾸 실패하다 보면 결국 원하는 지점에 도달하게 될 것입니다.

아이가 글을 쓰지 않는다고 걱정하는 부모에게

지금도 많은 부모가 말을 듣지 않는 아이에게 글을 쓰게 하려고 전력을 다해 분투하고 있습니다. 모든 것을 이해할 듯한 차분한 표정으로 아이에게 조심스럽게 다가가 묻고 또 묻곤 하죠. 하지만 "넌 무엇에 대해서 쓰고 싶니?"라고 아무리 친절하게 물어도 답하지 않고 선뜻 글도 쓰지 못하는 아이가 있습니다. 이유가 뭘까요?

세상에 글을 쓰고 싶은 주제를 지갑에 든 돈처럼 늘 간직하고 다니는 사람은 흔치 않습니다. 그런 사람이 있다면 오히려 그게 더 이상한 거죠. 그건 어른도 마찬가지입니다.

애초에 잘못된 질문이었던 거죠.

글쓰기와 독서는 늘 방법을 생각해내야 하는 대상이라는 사실을 기억해주세요. 가치 있는 것들은 절대 그냥 되지 않습니다. 그러나 방향만 살짝 틀면 기적처럼 이루어지는 것이 또 독서와 글쓰기의 매력이지요.

이렇게 질문을 바꾸어봅시다. "넌 무엇에 대해서 쓰고 싶니?"라고 묻지 말고, "요즘 무엇에 대해서 관심이 많니?"라고 묻는 거죠. '넌'을 '요즘'으로, '쓰고 싶니'를 '관심이 많니'로 바꾸면 바로 답이 나옵니다.

"왜 거기에 관심이 많은 거야?"

"그걸 생각하면 마음이 어떠니?"

"앞으로 그걸 어떻게 대할 생각이니?"

이런 순서로 다시 질문을 연결하면 여기에 답하는 것만으로도 아이는 머릿속에서 근사한 글을 완성하게 됩니다. 써야 할 글의 뼈대를 잡는 겁니다.

무턱대고 쓰라고 하면 프로 작가도 쓰기 어렵습니다. 생각할 시간을 주고 적절한 질문으로 글감과 뼈대 정도는 잡을 수 있게 해야 쓸 수 있지요.

글은 쓰겠다고 폼을 잡고 쓰는 게 아닙니다. 일상에서 질문하고 답하는 일련의 과정이 그대로 글이 될 수 있다

는 사실을 꼭 기억해주세요. 삶과 글을 분리하면 글쓰기가
자꾸만 따로 배워야 하는 숙제와 과목처럼 느껴지게 되니
까요.

다음 글을 필사하며 아이와 글쓰기라는 대상을 동시에
생각하는 시간을 가져보면, 인식과 상황을 바꾸는 데 많은
도움을 얻을 수 있습니다.

아이는 아직 글을 쓰진 못하지만,
오늘도 부모의 삶을 보고 있습니다.
참 무서운 사실이죠.
아이는 지금도 당신에게,
말과 글을 배우고 있으니까요.

아직 유창하게 말하지는 못하지만
부모의 대화를 들으며 언어를 익히고,
아직 제대로 걷진 못하지만
부모의 삶의 태도를 관찰하며 걷기를 연습합니다.
부모는 어떤 말도 알려주지 않았지만

아이는 보는 것만으로 스스로 다 배웠습니다.

유창하게 말하지 못한다고,
아직 걷지 못한다고 쉽게 생각하지 마세요.
아이는 세상에 나오면서부터
이미 부모에게서 모든 것을 배우고 있으니까요.

그것이 어떤 부모에게는
세상에서 가장 무서운 사실일 수도,
정말 아름다운 현실일 수도 있습니다.
당신의 삶이 후자라면 참 좋겠습니다.

아이를 누구보다 사랑하는 그대여,
아이의 모든 것을 아름답게 만들고 싶다면
늘 예쁘게 말하고 긍정적으로 생각하며
뭐든 할 수 있다는 눈빛으로 하루를 살면 됩니다.
당신의 사랑스러운 아이가
당신의 모든 것을 흡수할 테니까요.

아이는 지금도 당신을 보며

눈과 마음으로 글을 쓰고 있습니다.

세상에 글을 쓰지 않는 아이는 없습니다.

아이가 글을 쓰지 않는다고 걱정하지 말고,

아이가 늘 당신을 지켜보며

일상을 기록하고 있다는 사실을 기억하세요.

부모가 아이에게 글을 쓸 수밖에 없는 벅찬 사랑을 주면,

아이는 그것을 쓰지 않을 수 없을 테니까요.

모든 아이는 부모라는 책을 쓰는 작가입니다.

부모는 그저 좋은 글감이 되어주면 됩니다.

글쓰기로 시작하는
내 아이의 지적인 인생

　동서양을 막론하고 글쓰기를 통해 자신의 지성을 단련한 사람들이 가장 자주 사용했던 단어가 뭔지 아시나요? 여러분 궁금하지 않으신가요?

　지난 30년 넘게 글쓰기와 문해력 그리고 언어를 연구하며 발견한 단 하나의 단어는 바로 '근사하다'라는 말입니다. 그들은 일상에서 마치 숨을 쉬듯 '근사하다'라는 표현을 사용했습니다.

　"너 옷이 참 근사하다."

　"오늘 날씨가 참 근사하다."

"이번 프로젝트의 시작도 역시 근사하네."

느낌이 어떤가요? 같은 글이라도 근사하다는 말이 붙으니 훨씬 느낌이 좋지 않나요?

저는 '근사하다'라는 표현을 매우 좋아합니다. 앞서 확인한 것처럼 '근사하다'라는 말을 발음하는 것만으로도 주변이 환하게 빛나기 때문이죠. 그냥 좋은 것만은 아닙니다. 그냥 스쳐 지나갈 것도 '근사하다'라는 표현이 붙으면 그 이유에 대해서 사색하게 되지요. 이런 겁니다.

"유독 이게 좋아 보이는 이유가 뭘까?"

"이번 계획의 느낌이 좋은 이유가 뭐지?"

"저 사람은 나와 뭐가 달라서 호감이 가는 걸까?"

이렇게 자꾸만 근사한 이유에 대해서 생각하게 되고 거기에 질문까지 반복하게 되니 저절로 좋은 글이 탄생하게 되지요. 괜히 시대의 지성들이 '근사하다'라는 말을 자주 쓴 게 아닙니다. 그들은 누구보다 자신의 지적 성장에 도움이 되는 행동을 반복했던 사람들이니까요.

중요한 건 바로 아이의 언어 생활입니다. 만약 아이의 입에서 요즘 유행하는 온갖 괴상한 언어가 사라지고 '근사하다'라는 표현이 자주 나온다면 일상이 얼마나 빛나게 바뀔까요.

"그거 존맛이네."

"대박! 너무 너무 핵존맛이야."

이런 표현이 사라지고 "와, 이거 정말 근사한 맛이네."라는 말을 쓸 수 있다면, 아이가 글로 쓰는 언어의 수준도 완전히 달라질 겁니다.

자신에게 가장 좋은 언어를 주는 것이 아름다운 언어 생활의 시작입니다. 이 책은 바로 그 마음에서 시작했습니다. 우리 아이가 글로 지적인 삶을 밝히는 더 근사한 인생을 살아가길 원한다면, 노트 한 권과 연필 한 자루, 그리고 이 책 한 권과 30일이라는 시간만 있으면 충분합니다.

독서를 전혀 하지 않거나 싫어하는 아이라도 이 책을 통해 극적인 변화를 시작할 수 있습니다. 제가 여기에서 '시작되다'가 아니라 '시작하다'라는 표현을 쓴 이유는, 스스로 쓰는 삶으로의 변화를 추구하는 그 의지를 표현하기 위해서입니다.

그게 무엇이든 스스로 가치를 아는 사람이 실행해야 그 결과도 자신의 것이 됩니다. 이 책은 '억지로'가 아닌 '스스로의 변화'를 추구합니다. 또한, 그렇게 될 수밖에 없도록 만들어졌습니다.

이 책이 아이에게 글쓰기의 가치를 전하며 동시에 스스

로의 변화를 시작할 계기를 마련해줄 수 있는 이유에는 크게 두 가지가 있습니다.

하나는 글을 쓰기 위해 반드시 필요하다고 생각하는 재능을 필요로 하지 않기 때문이고, 나머지 하나는 글쓰기에서 많은 사람이 강조하는 영감의 힘을 거의 언급하지 않기 때문입니다. 재능이 전혀 없고 영감을 발견할 능력이 전혀 없는 아이도 30일이면 쉽게 글쓰기 감각을 단련할 수 있습니다.

제가 그렇게 책을 구성하고 집필한 이유는 간단합니다. 어디에 있는지도 알 수 없는 재능과 영감이 찾아오기를 기다리기에는 아이의 시간이 너무나 아깝기 때문입니다. 일단 글쓰기 연습을 통해 기본적인 기능을 배우면 그때 만나는 세상은 전혀 다르게 느껴질 것입니다.

이것은 어떤 책과 강연에서도 이야기하지 않는 매우 중요한 사실입니다. 아이는 재능이나 영감이 없어서 글을 못 쓰는 것이 아니라, 기본적인 글쓰기 기능을 갖추지 못해서 자기 안에 녹아 있는 재능과 주변에 존재하는 영감을 발견하지 못하는 것입니다.

어떤가요? 1장을 읽으면서 이제 왜 우리 아이가 글쓰기를 제대로 해내지 못했는지 느껴셨나요? 쓸 줄 알아야 재능과 영감을 발견해 자신의 것으로 흡수할 수 있습니다. 그 사실을 꼭 잊지 마세요. 괜히 아이에게 모든 잘못을 돌리며 쓰지 못하는 아이를 혼내기만 할 수도 있으니까요.

재능이 없어서 혹은 영감이 떠오르지 않아서 쓰지 못한다는 말은 핑계에 불과합니다. 글쓰기에 필요한 최소한의 기능을 갖추지 못해서 재능과 영감이 사라진 인생을 살고 있는 것이니까요.

이제 본격적으로 쓰는 세상으로 떠나겠습니다. 지금 아이에게 필요한 건 쓰겠다는 '의지' 하나면 충분합니다.

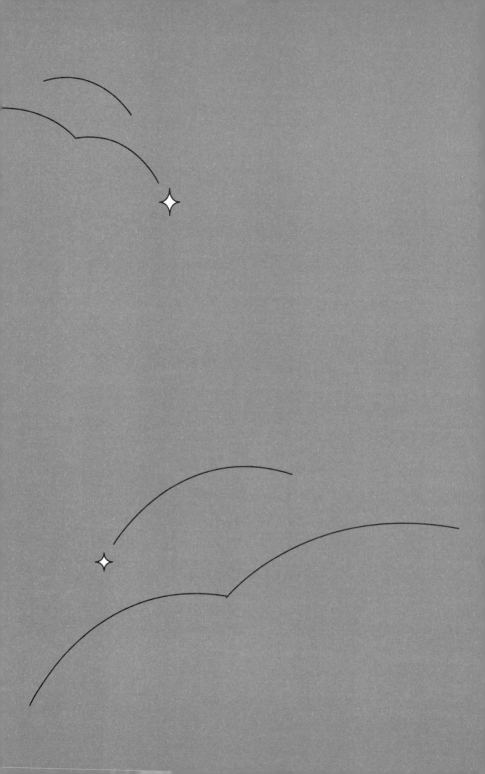

2장

글쓰는 태도를 만드는
'30일 필사의 기적'

탓하고 불평하는 아이를
희망의 아이콘으로 바꾸는 필사

"어쩔 수 없이 사줬는데 어느새 스마트폰 중독."
"하도 보채서 사줬는데 어느새 학습만화 중독."
"다들 하길래 사줬는데 어느새 게임 중독."

많은 부모들이 공감할 이야기입니다. 선택은 쉽지만 그 결과는 결코 쉽지 않습니다. 하지만 이 잘못된 선택으로 생긴 온갖 중독과 피해는 글쓰기를 통해 치유하며 스스로 나아질 수 있습니다. 스마트폰과 학습만화 그리고 게임에 쓰던 시간을 생각과 글쓰기에 투자하면서 조금씩 아이의 일상도 예쁘게 바뀔 겁니다.

여기에서 이런 질문이 쏟아지겠죠?

"그럼 아이가 평생 스마트폰과 학습만화 그리고 게임을 하지 않고 살아야 하나요?"

물론 아닙니다. 그리고 굳이 그렇게 해야 할 이유도 없습니다. 집에서 격리한다고 되는 문제도 아니고요.

중요한 것은 아이가 스스로 제어하는 삶을 산다는 것입니다. 생각하는 삶과 그것을 글로 쓰는 삶은 그래서 더욱 소중합니다. 글쓰기를 통해 아이는 스마트폰을 유용하게 활용하며, 학습만화를 읽으면서도 글자로만 가득한 책을 읽을 때보다 더 많은 영감을 발견하고, 게임을 하면서도 스스로 제어하며 중독이 아닌 즐거움에 기초한 선택을 할 수 있게 됩니다.

이 책의 안내를 받으며 글을 쓰는 아이에게는 나쁜 것이 존재하지 않습니다. 앞으로 진행할 30일 필사를 통해 뭐든 가장 좋게 활용하는 방식을 배울 것입니다. 제가 직접 만든 글을 필사하며 단순히 글만 잘 쓰는 게 아니라, 자제력과 자기주도 학습의 의지, 인성과 적성의 발견, 탄탄한 내면과 차분한 성격까지 갖게 될 겁니다. 기적과도 같은 변화가 글을 쓰며 이루어지는 것이죠.

실제로 그런 삶을 살았던 한 소년을 소개합니다. 미국에 살았던 매티 스테파넥(Matthew Stepanek)이라는 소년입니다. 그는 안타깝게도 근육에 힘이 빠져 죽음에 이르는 근육성 이영양증으로 2004년, 열세 살에 세상을 떠났습니다. 놀라운 사실은, 태어날 때부터 휠체어와 인공호흡기를 달고 살았고, 매주 한 차례 신장 투석을 받아야 했지만, 끝까지 용기와 희망을 잃지 않았다는 사실이죠.

과연 어떤 힘이 소년을 고통 속에서도 내면에 희망을 품게 만들었을까요? 바로 글쓰기입니다. 그 소년은 무려 다섯 권의 시집을 세상에 남겼는데, 진심을 담은 다섯 권의 책은 모두 뉴욕 타임스에서 베스트셀러 1위를 차지했습니다. 그가 쓴 문장 중에 제가 주목하는 문장이 있습니다.

～～～

때때로 저는 물어요. 왜 하필 나인가?

왜 난 그렇게 힘든 삶을 살아왔나? 그리고 다시 생각해요.

왜 내가 아니어야 하는가?

～～～

열 살도 되지 않은 꼬마가 썼다는 게 믿어지시나요? 앞서 잠시 언급한 것처럼 그의 삶은 쉽지 않았습니다. 사는 내내 몸보다 무거운 거대한 기계를 등에 지고 살아야 했죠. 하지만 불평하거나 희망을 잃지 않았습니다. 그 중심에 필사가 있었기에 가능했습니다.

스테파넥이 처음부터 시를 쓴 것은 아니었습니다. 시는 그냥 하늘에서 떨어지는 게 아니니까요. 그가 시작한 것은 글을 필사하는 일상이었습니다. 읽기만 해도 좋은 마음과 지혜가 쏟아지는 글을 매일 필사하며 그는 어떤 책에서도 발견하지 못한 지성을 얻게 되었지요.

보통은 "왜 내게만 이런 고통이 찾아오는가?"라는 말로 투정을 부리게 되지만, 스스로 깊이 생각하며 그것을 글로 쓸 수 있는 아이는 곧 이렇게 생각을 바꾸고 스스로 희망을 쟁취합니다.

"왜 내가 아니어야 하는가?"

모든 아이는 살면서 고통과 마주하게 됩니다. 하지만 그럴 때마다 이에 당당히 맞서 글로 표현할 수 있다면, 그게 무엇이든 이겨낼 수 있습니다. 어떤 최악의 고통을 경험하게 되더라도 그것을 글로 쓸 수 있다면, 탓하며 불평하는 삶에서 벗어나 희망을 바라볼 수 있습니다. 이제 그 방법에 대해서 조금 더 알아보겠습니다.

저절로 글을 쓰게 만드는 7가지 쓰는 태도

필사에서 가장 중요한 것은 천천히, 멈추지 않고 꾸준히 쓰는 삶의 가치를 전하는 것입니다. 급하게 생각하면 글을 쓸 수 없습니다. 원하는 것을 이루고 싶다면 그것을 해낼 수 있는 태도를 갖추는 게 먼저입니다. 태도만 갖추면 뭐든 저절로 이루어지게 되니까요.

글쓰기도 마찬가지입니다. 아이에게 억지로 글쓰기의 가치와 중요성을 주입할 필요는 없습니다. 단지 일상을 대하는 태도만 다음에 제시하는 7가지 조언대로 바꿔줄 수 있으면 충분합니다. 그러면 글쓰기를 대하는 마음까지 동시에 바꿀 수 있습니다. 훗날 돌아볼 때 아이의 삶에서 가장 훌륭한 변화는 자신의 태도를 변화시킴으로써 글의 질을 향상시켰다는 것에서 발견할 수 있을 것입니다.

이제 아이가 이 책에 따른 워크북으로 30일 동안 필사를 하게 이끌어주시기만 하면 됩니다. 필사를 본격적으로 하기 전에 가장 기본적인 태도에 대해서 설명하려고 합니다. 아이의 필사의 결과를 더욱 빛나게 하고 싶다면, 꼭 집중해서 읽어주세요.

1. 삶의 태도가 곧 쓰는 태도라는 사실 인식하기

학교에서 혹은 가정에서 보여주는 삶의 태도가 올바르지 않다고 자꾸만 지적을 받는 아이의 생각과 손끝에서는 좋은 글이 나올 확률이 매우 낮습니다. 안타깝게도 거의 불가능에 가깝다고 말할 수 있습니다.

글쓰기는 결국 세상을 바라보는 나의 태도를 언어로 바꿔서 표현하는 일상의 기록이기 때문입니다. 세상을 향한 나의 태도의 합이 곧 내가 쓸 수 있는 글의 한계인 셈입니다.

2. 감정이라는 마음의 언어를 평화롭게 제어하기

간혹 자신의 기분을 바로 몸으로 표현하는 아이가 있습니다. 기분과 감정이 바로 겉으로 나타나는 것이지요. 매우 조심해야 합니다. 떼를 쓰거나 감정의 변화가 겉으로 쉽게 드러나는 아이들의 공통점 중 하나가 바로 꾸준히 앉아서 글을 쓰지 못한다는 데 있기 때문입니다.

마음이 말하는 언어는 곧 생각이 말하는 언어인 글이 되어 세상에 나옵니다. 사소한 표정과 움직임이 곧 한 줄의 글이 되는 셈입니다.

3. 좋은 것만 보려는 태도의 가치를 깨닫기

아이의 관찰력과 쓰기 능력이 다소 떨어져도 삶을 대하는 태도가 긍정적이면 인생, 일, 관계, 목표에 대한 글을 쓸 때 역시 긍정적인 시각으로 접근하게 되므로 좋은 글을 쓸 수 있게 됩니다.

반대로 아이의 태도가 부정적이면 하루하루 살아가면서 부딪치는 문제와 사람, 상황에 대해 비관적으로 접근하게 되므로 좋은 결과를 기대하기 힘들어지죠.

오늘 자신의 삶을 대하는 아이의 태도가 내일 쓸 글의 수준을 결정하는 셈입니다. 태도가 곧 글을 구성하는 가장 핵심적인 재료라는 사실을 아이가 기억하게 해주세요.

4. 모든 것에는 이유가 있다는 사실을 발견하기

도전 정신이 부족하거나 열정이 없는 삶을 사는 아이의 문제는 단지 성취하지 못하는 삶에만 있는 것이 아닙니다. 언제나 그런 태도로 주변을 바라보기 때문에 주변에서 일어나는 모든 성취를 운과 기적으로 치부하게 되며, "운이 좋았다."라는 한마디로 모든 분석을 대신하는 불행한 현실을 살 확률이 높다는 데 있습니다. 결국 글쓰기는 분석하고 발견하는 일이기 때문이죠.

생기가 도는 생생한 글을 쓰기 위해서 우리가 조심해야 할 가장 무서운 태도는 무책임과 무관심, 그리고 깊은 무기력입니다. 작은 움직임 하나에도 나름의 이유가 있다는 사실을 알아야 그 이유를 연구하며 스스로 도전 정신을 키울 수 있습니다.

5. 뭐든 자신의 것을 공개할 용기를 내기

글을 쓰지 못하는 가장 큰 이유 중 하나는 '써서 보여줄 용기가 없어서'입니다. 일상에서 보여주는 용기 있는 태도는 용기 있게 쓰는 아이의 삶을 완성한다는 사실을 기억해주세요. 만약 쓰고 싶은 글이 있다면 그것에 대해 배우기 전에 태도를 먼저 바꿔야 합니다.

잘 배우고 잘 쓰는 아이의 경쟁력은 결코 타고난 출생, 높은 지능, 뛰어난 실력에 있지 않습니다. 대신 다양한 분야에서 용기를 낼 수 있게 해주세요.

삶이라는 무대에서 용기를 내지 못한다면, 원고지라는 무대에서도 용기를 낼 수 없습니다. 자신의 하루를 공개할 용기를 내지 못하는 아이는 스스로를 쓰지 못하는 겁쟁이로 만듭니다.

6. 매력적인 태도를 지닌 사람으로 살아가기

삶은 거의 비슷비슷합니다. 하지만 손끝에서 나오는 글은 사람마다 다릅니다. 비슷한 삶을 살고 있어도 삶을 대하는 태도가 모두 다르기 때문입니다. 환경이나 상황은 그다지 중요하지 않습니다. 그것을 어떤 태도로 바라보느냐, 그것이 글쓰기의 전부라고 볼 수 있죠.

지금 아이가 하고 있는 일, 그 일을 대하는 태도, 그 태도에 녹아 있는 가치가 결국 아이의 삶을 결정하는 글이 되어 세상에 탄생합니다. 정진하는 태도, 건강한 태도, 매력적인 태도가 아이의 삶을 떠나지 않게 한다면, 곧 아이가 쓴 글은 아이 자신의 삶을 세상에 강력하게 추천하게 될 것입니다.

7. 모든 것은 나의 의지에서 시작한다는 사실 깨닫기

언제 어디서든 남들이 볼 수 없는 지점을 발견할 수 있게 해주세요. 그런 인식의 전환을 위해서는 아이가 앞으로 살면서 만나게 되는 일 중 10%는 도저히 피할 수 없는 일이고, 나머지 90%는 그 일에 대한 태도를 바꿔서 충분히 제어할 수 있는 일이라는 사실을 깨닫는 계기가 필요합니다.

다음과 같은 말을 자주 들려주는 것도 좋습니다. 독일을 대표하는 대문호 괴테의 말입니다.

〰〰

지금 만약 별이 하늘에서 떨어졌다면,
그 이유는 내가 그것을 원했기 때문이다.

〰〰

언제나 자신의 태도를 통해서 불행을 기쁨으로, 고통을 기회로 바꿀 수 있다는 사실을 아이가 잊지 않게 해주세요.

필사를 하면서 위의 7가지를 꼭 신경 써주세요. 태도의 차이는 사소하지만 결과는 결코 사소하지 않습니다. 태도가 어떤 지식과 기술보다 중요할 때가 있으니 바로 글을 쓸 때가 그렇습니다. 내가 쓴 글이 곧 세상을 향한 나의 태도인 셈입니다.

또 강조하지만 태도가 전부입니다. 모든 아이는 자신이 가지고 있는 태도 이상의 글을 쓸 수 없습니다. 그러니 좋은 글을 쓰고 싶다면, 좋은 태도를 유지해야 한다는 사실을 기억해주세요. 가장 멋진 글은 가장 멋진 태도를 가진 사람이 쓴 글입니다.

'쓸모'는 '흥미'에서 나오는 결과물입니다

지금부터 다룰 내용은 아이의 생산성과 효율성을 높이기 위해 반드시 생각해야 할 매우 중요한 부분입니다. 필사를 하면서 꼭 마음에 담아 주셨으면 좋겠습니다.

세상에는 아이가 읽으면 좋다고 알려진 수많은 추천도서가 있습니다. 그런데 추천도서의 기준은 대체 어디에 있을까요?

기준은 서로 다르겠지만 용도는 같습니다. 바로 '쓸모'입니다.

'아이들 문해력 향상에 도움이 될 수 있는 책'

'아이들 인성 개발에 필요한 책'

'아이들 공부 지능에 도움을 주는 책'

보통 이런 식으로 '다양한 쓸모'에서 나온 책이 각종 추천도서 리스트에 오릅니다. 모두 좋습니다.

그런데 우리는 아이 성장에 너무 욕심을 낸 나머지 심각한 실수를 하나 저질렀습니다. 바로, 아이 인생을 결정할 '쓸모'를 어른의 입장에서 모두 고른 것이죠. 아이 입장에서는 난감합니다. 그저 "이걸 읽어라, 이유는 묻지마. 너에게 쓸모가 있다고 한다."라는 통보를 받은 것에 불과하기 때문입니다.

잘 생각해보죠. 먼저 이 질문을 던지고 싶습니다.

"쓸모는 어디에서 나오는 건가요?"

매우 중요한 질문이니 오랫동안 사색해보기를 권합니다. 그래야 깊어지며 조금 더 본질에 다가선 답을 낼 수 있습니다.

아이에게 쓸모를 전하려면 우선 부모가 스스로 쓸모가 무엇인지 정의할 수 있어야 합니다. 좋은 생각을 하려면 일단 많이 생각해봐야 합니다. 세상에 존재하는 다른 영역의 쓸모에 대해서도 생각해보고, 자신의 분야와 관심이 있는 영역의 쓸모에 대해서도 충분히 생각해보세요. 그럼 이 사실을 하나 깨닫게 될 것입니다.

아이의 독서를 예로 들면 이렇습니다.

"꾸준히 책을 읽게 하는 힘은 '쓸모'가 아니라 '흥미'에서 나온다."

어떤가요? 반박하기 힘든 말입니다. 사실이기 때문이죠. 그럼 또 이런 질문을 던질 수 있습니다.

"우리는 '흥미'로운 책에서 '쓸모'를 발견하는가? 아니면 '쓸모'가 있다고 누군가 정해준 책에서 '쓸모'를 발견하는가?"

그렇습니다. 부모도 아이와 다르지 않을 가능성이 높습니다. 먼저 흥미를 갖고 몰입해서 읽어야 그 안에서 다른 사람은 발견하지 못한 쓸모를 발견하게 되는 게 세상의 이치입니다. 그리고 더욱 중요한 사실은 흥미에서 나온 쓸모만이 실천으로 이어질 수 있다는 것입니다.

놀라운 예를 들어보겠습니다. 자동차에 타기만 하면 뒷좌석에 누워서 도착할 때까지 절대 일어나지 않는 아이가 있었습니다. 어릴 때부터 그 버릇을 고칠 수가 없었죠. 아름다운 풍경이 끝없이 펼쳐지는 공간을 지날 때도, 예쁜 눈이 내릴 때도 아이는 창밖을 바라보지 않았습니다.

여러분이라면 어떻겠어요? 부모 마음은 다 같죠. 아이의 부모도 그런 모습이 안타까워 "차에 탔으면 밖을 바라보면서 풍경을 감상해야지."라고 권하며 '쓸모'에 대해 논했습니다. 하지만 아이 입장에서는 그야말로 쓸모없는 이야기였지요. 그런데 그런 아이가 어느 날 갑자기 자동차에 타기만 하면 창밖을 바라보며 바깥 풍경에서 시선을 떼지 못하는 아이로 변했습니다.

이유가 대체 뭘까요? 빠르게 달리는 자동차에 '흥미'가 생겨서 바깥을 바라볼 '자신만의 쓸모'를 찾았기 때문입니다. 이제 그 아이는 단종된 자동차를 비롯해서 현재 제작되는 모든 자동차에 대해서 모르는 게 없을 정도로 해박한 지식을 갖게 되었습니다. 스스로 공부하기 시작했고 자동차 학과의 교수를 해도 될 정도의 지식을 바탕으로 곧 유튜브에 자신의 공간을 마련할 준비를 하고 있죠. 흥미에서 쓸모로, 다시 실천으로 연결된 것입니다.

여기에서 우리는 무엇을 배울 수 있을까요? 네, 뭐든 순서가 중요합니다. 쓸모를 발견하기 위해서는 아이가 먼저 흥미를 느껴야 합니다. 책을 읽지 않고 공부를 하지 않아서 그것들의 쓸모를 아무리 전해도 아이는 쉽게 움직이지 않습니다. 흥미를 느끼지 못하기 때문이죠.

글쓰기도 마찬가지입니다. 글쓰기를 시작하려면 흥미를 자극하기 위한 과정인, 태도를 바꾸는 문장을 필사하는 시간이 필요합니다. 그렇게 태도를 바꿔 글쓰기에 흥미를 갖게 된 아이는 조만간 "제발 글 좀 그만 쓰고 게임 좀 해라!"라는 말을 듣게 될 정도로, 글쓰기가 주는 즐거움과 쓸모에 빠지게 될 것입니다.

진짜 공부를 할 줄 아는 아이들은 3가지가 특별합니다

제가 왜 글쓰기 책에서 공부에 대한 이야기를 꺼낸 걸까요? 이유는 간단합니다. 글쓰기와 공부는 따로 분리해서 생각할 수 있는 것이 아니기 때문입니다.

글을 쓰는 태도와 일상이 공부에 영향을 미치고, 공부하는 일상이 또 반대로 글을 쓰는 수준에 막대한 영향을 미칩니다. 비근한 예로 정말 많은 부모들이 이런 고민을 합니다.

"왜 갑자기 성적이 떨어지는 걸까?"

실제로 초등학교 저학년까지는 공부를 잘하던 아이가

갑자기 고학년이 되면서 점점 흥미를 잃고 제대로 해내지 못하는 경우가 매우 많습니다. 처음에는 일시적인 현상이라고 생각합니다.

"5학년이 되면 달라지겠지."

"중학생이 되면 달라지겠지."

하지만 그 바람은 이루어지지 않고 오히려 고등학교에 입학할 때까지 상황은 점점 더 심각해집니다.

함께 생각해봅시다. 대체 이유가 뭘까요? 수많은 사례를 보며 제가 내린 결론은, 초등학교 저학년까지는 배우고 묻고 평가하는 수준이 교과서 안에서 이루어지지만, 고학년을 지나 중학생이 되면 점점 교과서에서 벗어나 배운 것들과 연관성이 떨어지는 내용으로 평가하기 때문입니다.

이때 아이들은 두 부류로 나뉘죠. '주는 것만 공부하는 아이'와 '주는 것 이상을 공부하는 아이'가 바로 그것입니다. 교과서에서 주는 것만 공부하는 아이는 교과서에서 벗어난 문제가 나오면서 성적이 급격히 떨어집니다. 그리고 그게 반복적으로 일어난 결과, 공부에 대한 자신감과 흥미를 동시에 잃게 됩니다. 아무리 오래 앉아서 공부해도 성적에 변화가 생기지 않지요.

교과서를 벗어나 그 이상을 공부하는 아이는 어떨까요?

그 아이는 다른 방식의 삶을 살게 됩니다. 공부를 할 줄 알기 때문에 교과서에 나온 내용과 교과서를 벗어난 내용이라는 틀에 큰 의미를 두지 않습니다. 지식을 대하는 시각에서 이미 차이가 벌어지는 셈이죠. 여기에서 우리는 공부와 글쓰기 사이에 존재하는 공통점과 서로 맞물린 부분을 발견할 수 있습니다.

하나를 배우면 열을 깨우치는 아이에게서 발견할 수 있는 경쟁력은 바로 하나를 배우면 영역이 서로 다른 분야에 10개의 질문을 던질 수 있다는 사실입니다. 서로 다른 분야에 10개의 질문을 던질 수 있으니, 스스로 질문에 답하며 하나를 배우고도 열을 주도적으로 깨달을 수 있게 되는 것이죠.

여기에서 언급한 '서로 다른 분야에 던지는 10개의 질문을 던지는 힘'을 바로 인문학 글쓰기를 통해 배울 수 있습니다. 그래서 제가 글쓰기와 공부가 서로에게 영향을 주며 하나로 움직이고 있다고 말했던 것입니다.

그럼 그런 힘을 가진 아이로 키우려면 어떻게 해야 할까요? 또 그들에게는 어떤 특징이 있는 걸까요? 간단하게 3가지로 압축할 수 있으며 아이는 이와 연관된 글을 필사하며, 그 능력을 내면에 담을 수 있습니다.

~~~~

1. 무엇을 '질문'해야 하는지 알고 있다.

2. 배우지 않았지만 '짐작'으로 스스로 깨닫는다.

3. 영역에 대한 제한 없이 지식을 끝없이 '확장'한다.

~~~~

　제가 왜 진짜 공부를 할 줄 아는 아이들은 3가지가 '다르다'라고 표현하지 않고 '특별하다'라고 했는지 짐작이 가시나요? 특별하다고 표현할 정도로 아이의 지적 성장에 결정적인 역할을 하기 때문입니다. 주요 키워드만 나열하며 설명하면 이렇습니다.

　"'질문'하고 '짐작'한 후 그것을 근거로 지식을 '확장'한다."

　읽기만 해도 엄청난 경쟁력이라는 사실을 느낄 수 있지요. 무엇이든 자신의 방식으로 흡수한 후 경계를 허무는 지식을 바탕으로 새로운 것을 창조할 수 있게 됩니다.

　이것이 가능한 이유는 단 하나, '뛰어난 언어 자각 능력'이 있기 때문입니다. '언어 자각'이라는 말이 조금 생소할 수도 있습니다. 과연 그게 무엇을 말하는지 살펴보겠습니다.

　다음 사건을 아이와 함께 읽어보며 생각을 나누는 것도

좋습니다. 자연스럽게 아이에게 무엇이 필요한지 짐작할 수 있고, 아이 입장에서도 글쓰기와 공부가 서로 어떤 관계인지 알 수 있는 계기가 될 테니까요.

최근 흥미로운 사건이 하나 일어났습니다. 2021년 12월 국제동물복지단체 CIWF(Compassion in World Farming)를 비롯해 다양한 단체에서 문어 양식에 반대하는 서한을 세계 각국 정부에 보냈는데, 주요 내용을 종합하면 이렇습니다.

〰〰〰

- 문어는 지적 존재인 만큼 양식장에서 큰 스트레스를 받는다. 문어는 식량안보에 필수적이지 않은 동물이다. 그런데도 높은 인지능력을 가진 생명체를 식용으로 대량 생산하는 것은 바람직하지 않다.
- 문어를 산 채로 삶으면 학대라고 볼 수 있다.

〰〰〰

이 의견에 대해서 여러분은 어떻게 생각하나요? 과연 학대일까요, 아니면 음식이라고 생각하기 때문에 학대라고 생각하지 않나요? 판단이 잘 서지 않죠?

기본적인 정보를 알게 되면 이제 좀 생각을 정리할 수 있을 겁니다. 문어에 대한 다수의 연구 결과를 통해 실제로 아래와 같은 사실이 알려졌습니다.

~~~

1. 무척추동물이지만 뛰어난 지각 능력을 보인다.
2. 생쥐 수준의 미로학습 능력을 지니고 있다.
3. 자신에게 잘 대해주는 사람과 학대하는 사람을 구별할 줄 안다.
4. 고통을 느낄 수 있는 지각이 있는 생물이다.

~~~

다시 한번 여러분의 생각이 궁금합니다. 이제 좀 생각이 정리가 되었나요? 문어를 산 채로 삶으면 '학대'라고 생각하나요? 조금 더 설명을 하면 위에 나온 기본적인 정보를 접하고 이렇게 생각할 수도 있다는 것입니다.

"지적 능력이 높으면 삶아서 죽이면 안 되고, 지적 능력이 낮으면 삶아서 죽여도 되는 건가요?"

"그럼 소나 돼지는 죽여도 괜찮은 건가요?"

"식물도 나름 살아 있는 생명인데 왜 먹나요?"

"나중에 과일도 아픔을 느낀다는 사실이 밝혀지면 어떻게 생으로 껍질을 벗기고 잘라서 먹을 수 있을까요?"

어떤가요? 새로운 생각도 있고 조금은 유치하게 느껴지

는 의견도 있지요.

그러나 어디에선가 이 모든 의견을 종합해서 완전히 새로운 의견을 제시하는 아이가 나옵니다. 다음 대답은 실제로 제가 글을 가르치는 여덟 살 아이가 답한 내용입니다.

"과학이 발달해서 몰랐던 것을 알수록 세상은 끔찍해지는 것 같습니다."

본질이 되는 통합적 시각이죠. 그리고 그 아이는 다시 과학이라는 분야를 뛰어넘어 종교와 문화 혹은 예술로 의미를 확장해서 새로운 사실을 찾아낼 것입니다. 이게 바로 '뛰어난 언어 자각 능력'을 가진 아이가 보여주는 모습입니다.

이런 아이는 하나를 보면 열을 알고, 다시 열이 될 하나를 수없이 창조하지요. 이 책에 따른 워크북에서 제시한 글을 통해 아이가 언어 자각 능력을 키울 수 있는 내용을 필사할 예정이지만, 필사 이전에 그 가치가 얼마나 대단한지 인지하는 게 우선입니다. 가치를 알면 멈추지 않고 끝까지 갈 수 있으니까요.

더 나은 글을 쓰게 하는 3가지 주문

 더 나은 글을 쓴다는 것은 무엇을 말하는 걸까요? 문법적으로 완벽한 글이나 술술 읽히는 글을 말하는 것만은 아닙니다. '더 나은 글'이라는 말은 '더 나다운 글'을 의미한다는 사실을 기억해주세요. 아이에게 다음과 같은 글을 필사하게 하는 것도 좋습니다.

 더 나은 글이란 더 나다운 글을 의미합니다.

왜냐하면 나만 나처럼 쓸 수 있고,

그런 글이어야 가치가 있기 때문입니다.

논술학원에서 교재를 만들고 아이들을 가르칠 때도 마찬가지였습니다. 기계적으로만 접근해서 모범적인 답안을 써낸 아이들은 원하는 결과를 얻을 수 없었죠.

중요한 건 어떤 글을 쓰든지 '나만의 시각'이 있어야 한다는 사실입니다. 100줄을 썼다면 99줄을 이끌 나만의 한 줄이 있어야 글이 살아날 수 있습니다. 글을 쓴 사람만의 생각이 없다면 1,000줄을 써도 아무런 의미를 남길 수 없습니다.

그런 글을 쓸 수 있게 하고 싶다면, 아이가 자연을 자주 바라볼 수 있게 해주세요. 이유는 간단합니다. 자연을 관찰할 때는 어떠한 일에도 흔들리지 않고 차분하게 바라볼 수 있는 마음과 순수한 영혼이 필요하기 때문입니다.

어린아이는 꽃에 달라붙어 있는 벌레를 우연히 발견하게 되면, 그 자리를 떠나거나 주변을 살피기보다는 오히려 모든 감각을 동원해서 단 하나의 생명에 집중합니다. 아이는 그 순간 자신에게 주어진 환희를 놓치지 않습니다. 거기에서 바로 창조와 변화가 이루어집니다.

그런 시간과 공간을 자주 허락해주세요. 하나의 변화를 시작부터 끝까지 경험한 사람만이 확장해서 거대한 변화를 이끌 수 있습니다.

일상에서는 필사를 통해, 바깥에서는 자연을 통해 그러한 삶을 즐길 수 있습니다. 그런 순간을 더 자주 깊게 경험한 아이가 담는 생각과 쓰는 글은 그 깊이가 다르겠지요.

그런 글을 쓰려면 부모는 어떤 삶을 살아야 할까요? 이것은 부모가 기억해야 합니다. 아이는 부모가 살아가는 모습을 바라보며 자신의 하루를 계획하니까요.

부모와 아이 모두 이 글을 자주 필사하고 낭독하며 자신의 것으로 만들기를 바랍니다.

타인을 비난하는 글은 참 쓰기 쉽습니다.

그냥 나오는 대로 감정을 꺼내면,
거기에 동의하는 사람들이 모여서
저절로 완성되기 때문입니다.

평소에는 전혀 쓰지 않는 반말과 유치한 조롱

그리고 온갖 논란이 가득한

언어의 늪이라 부를 수 있지요.

그러나 그런 식의 글은 곧 사라집니다.

사람이 떠나면 글도 지워지기 때문입니다.

비난과 조롱의 글은 그래서 백해무익합니다.

물론 감정의 동물인 인간에게는 늘 유혹이 찾아옵니다.

누구나 그런 글을 쓰고 싶다는 생각을 하니까요.

더 나은 글을 쓰게 하는 다음 3가지 주문으로,

그 힘든 순간을 이겨보면 어떨까요.

"아까운 시간에 굳이 사라질 글을 쓰지 말자."

"오랫동안 남아 스스로 빛이 될 글을 쓰자."

"많은 사람에게 도움이 되는 글은 어떤 글일까?"

타인을 비난하고 조롱하고 싶다는 생각이

찾아와 자꾸만 유혹할 때마다

이 3개의 주문을 꺼내 반복해서 읽고 사색하기로 해요.

글쓰기는 결국 욕망을 드러내는 일입니다.
그래서 생각의 훈련이 필요하죠.

일순간에 나를 휘어잡은 것에서 벗어나
내가 잡아야 할 영원한 것을 보며 살아요.
그게 아름다우니까요.

부모가 아름다운 것을 보면
아이는 그걸 글로 쓸 테니까요.

아이가 선택한 호칭이 아이의 미래를 결정합니다

친구나 이성 혹은 누군가와 관계를 맺고 살아가는 사람이라면 때에 맞게 적절한 호칭을 사용하는 것이 매우 중요합니다. 정말 중요한 태도라고 볼 수 있지요.

상대를 부를 때 특별한 의미를 담아서 부를 호칭을 떠올리는 것도 하나의 '배우는 기술'이라고 말할 수 있기 때문입니다.

2022년 2월, 병으로 세상을 떠난 한국의 지성 고 이어령 선생에게는 장관, 이사장, 교수, 작가, 시인 등 그를 부르는 다양한 호칭이 존재합니다. 그럼에도 제가 굳이 선택지에 없는 '선생'이라는 호칭을 꺼내서 그를 '이어령 선생'이라고 부르는 이유는 뭘까요?

매우 간단합니다. 그에게 무언가를 배우기 위해서이고, 배울 것이 존재한다고 생각하기 때문입니다. 실제로 그를 저의 선생으로 생각하기 때문입니다.

놀랍게도 이런 생각을 그에게 밝히니 그도 동의하며 "무언가를 배우려는 사람은 '선생'이라는 호칭을 자주 쓰게 되지."라고 화답하기도 했답니다.

누군가를 부르는 호칭은 단순히 그를 부르는 소리가 아닙니다. 정확히 말하면, 그에게 보고 싶은 모습을 부르는 '깨달음의 주문'이라고 생각할 수 있습니다.

가끔 이어령 선생을 존경하면서 그의 책이 나올 때마다 읽는다는 젊은 독자가 그를 이렇게 부르는 경우를 봅니다.

"이어령 님, 책 잘 읽었어요."

"이어령, 이번에 책 나왔더라."

충격적인 것은 많은 사람이 그를 그렇게 부른다는 사실입니다.

그들에게는 이런 공통점이 있습니다. 이 부분이 매우 중요하니 귀를 기울여 들어주세요.

그들은 스스로도 자신이 원하는 만큼 성장하지 못하는 것을 의아하게 생각하고 있답니다. 왜 그토록 존경하는 이어령 선생의 책을 애독하면서도 성장하지 못하는 걸까요.

저는 호칭이 가장 큰 문제라고 생각합니다. 그가 누구든 무언가를 배우고 싶다면 '님'이 아닌 '선생'이라는 호칭을 붙여야 하죠. 그건 나이가 상대적으로 어린 독자가 갖추어야 하는 기본적인 매너를 떠나서, 책을 읽고 무언가를 얻으려는 독자라면 반드시 명심해야 하는 기본적인 사항입니다.

아이를 대할 때도 마찬가지입니다. 단순히 어리다고 혹은 지식이 부족하다고 쉽게 생각하고 '꼬마야' 혹은 '거기, 너' 이런 식으로 부르는 건 좋지 않습니다. 아이는 어른들이 서로를 부르는 호칭까지 주의 깊게 살피고 있기 때문입니다.

앞서 말한 것처럼 이어령 선생 역시 "나는 초등학생에게도 무언가를 배울 수 있다고 생각하지. 그래서 어린아이들에게 선생님이라고 존대를 할 때도 있어."라고 고백하기도 했습니다. 그건 무언가를 배우고 그걸 글로 쓰는 사람들에게 공통적으로 나타나는 현상입니다.

만약 여러분이 아주 오랫동안 지적 성장을 위해 무언가를 지속적으로 했지만 원하는 결과를 만나지 못했다면, 여러분이 원하는 세상으로 이끌 호칭으로 바꾸는 것도 좋은 방법입니다.

그래서 이 부분에서도 호칭을 대하는 태도를 바꾸는 필사가 필요합니다. 호칭을 선택하는 시선과 행동은 그렇게 하겠다고 바로 바꿀 수 있는 것이 아닙니다. 충분한 필사를 통해서 서서히 바꿔나가야 합니다. 이런 글을 자주 필사해보는 게 좋습니다.

나는 누구에게서든 무언가를 배울 수 있습니다.
내게 무언가를 가르쳐주는 사람은 모두 선생님입니다.
호칭은 내가 세상을 부르는 방법입니다.

요즘 주변에 고양이가 많이 돌아다니지요. 이를테면 그걸 바라보면서 그냥 "나는 오늘 산책을 하며 고양이를 봤습니다."라고 말하는 것보다는, "나는 오늘 산책을 하며 고양이 선생님을 봤습니다."라고 말하면 이런 내용의 가르침까지 발견해서 글로 쓸 수 있습니다.

"제가 고양이를 선생님이라고 부른 이유는, 고양이가 사람들에게 귀여움을 받는 방법을 잘 알고 있어서 매일 먹이를 공짜로 얻는 모습을 봤기 때문입니다. 역시 사랑받는 존재는 뭔가 다릅니다."

이렇게 호칭을 바꾸면 뭔가 다른 부분을 발견하게 됩니다. 글감이 되는 다양한 이야기를 얻을 수도 있지요. 또한, 누군가를 부르는 호칭 하나가 그 사람의 운명을 결정할 수도 있지요. 그리고 꼭 기억하세요. 호칭은 우리가 세상을 부르는 방식이라는 사실을 말이죠.

생산적인 글쓰기 생활을 위한 7가지 메모 과정

이번에는 아이와 함께 생각해보세요.

"보기만 해도 거대한 커다란 돌산을 옮기려면 어떻게 해야 할까요?"

포클레인을 이용해야 한다는 의견이나 폭탄을 터뜨려서 산산히 조각을 낸 후에 옮기기 시작해야 한다는 의견 등 다양한 방법이 나올 수 있습니다. 하지만 역시 가장 빠른 방법은 눈앞에 있는 작은 돌을 먼저 옮기기 시작해야 한다는 거겠지요.

글쓰기도 마찬가지입니다. 한 편의 글 혹은 한 권의 책을 완성하려면 먼저 눈앞에 있는 소재를 글로 쓰기 시작해야 합니다. 눈앞에 있는 것에 대해서도 쓰지 못한다면 멀리에 있는 것은 아예 엄두도 낼 수 없을 테니까요.

꿈과 목표가 눈에 보이지 않는 먼 곳에 있다고 방황하거나 다른 방법을 찾을 필요는 없습니다. 먼저 바로 앞에 있는 일을 하나하나 해결하기 시작하면, 우리가 무엇을 원하든 결국 그 앞에 설 수 있게 되기 때문입니다. 현재 상황에서는 꿈도 꿀 수 없는 멋진 글을 완성하고 싶다면, 지금 우리 앞에 있는 물건과 사람 그리고 자주 마주치는 것들을 먼저 글로 표현하면 됩니다. 이때 우리에게 도움을 주는 것이 바로 '메모'입니다.

미국 작가 월터 모슬리(Walter Mosley)는 글을 쓰고 싶지만 현실적 어려움에 막혀 쓰지 못하는 사람들에게 "이렇게 살면 일 년 안에 누구나 소설 한 편을 완성할 수 있다."라고 말했습니다. 그는 과연 어떤 특별한 방법을 제시했을까요. 그의 조언은 너무나 현실적이어서 공감하지 않을 수가 없습니다.

〰〰〰

먼저 전화벨을 꺼라. 누가 초인종을 눌러도 나가지 마라.

가족에게도 방해하지 말라고 말해둬라.

그들이 당신의 말을 듣지 않고 자꾸만 무언가를 원한다면 커피숍이나 도서관에 가서 글을 써라.

만약 필요하다면 방을 얻어서 써라. 방법은 단 하나다.

어떻게든 쓸 수 있는 방법을 찾아라.

〰〰

그의 조언은 무엇을 의미하는 걸까요? 가족과 지인에게 양해를 구하고 이기적으로 자신의 목적만 추구하라는 말일까요? 그렇게 읽을 수도 있지만, 그 중심에는 이런 조언이 녹아 있습니다.

〰〰

당신이 만약 글을 쓰고 싶다면

쓸 수 있는 시간을 최대한 확보해야 한다.

누구도 당신에게 시간을 주지 않기 때문이다.

〰〰

이것이 바로 글쓰기에 임하는 태도가 되어야 합니다. 한번 깊이 생각해보죠. 전화가 온다는 이유로, 누군가 부른다는 핑계로, 가족에게 피해를 준다는 아픈 마음으로 자꾸만 과거로 돌아간다면 우리는 무엇도 쓸 수 없습니다. 글을 쓰기 위해서는 반드시 쓸 시간이 필요하기 때문입니다. 아무리 영감이 떠올라 눈앞에 펼쳐져도 그걸 잡아서 글로 쓸 시간이 없다면 영영 쓸 수 없습니다.

"글을 쓸 땐 타인의 요구나 부탁을 모두 다 들어주기 힘듭니다. 자신의 목표를 위해 전력을 다해 달려야 하기 때문입니다."

바로 그 마음이 중요합니다. 글을 쓰겠다는 목표를 세우고 전력으로 달리겠다는 의지를 가져야 비로소 메모를 시작할 수 있습니다. 메모는 해도 안 해도 삶에 별 영향을 주지 않기 때문에 더욱 강력한 의지가 필요합니다.

이제 다음 단계입니다. 우리가 쉽게 메모를 시작하지 못하는 이유는 뭘까요? 수많은 이유가 있겠지만 가장 큰 이유는 단 하나, '대체 뭘 적어야 하는지 몰라서'입니다. 그럴 때 쓸 정말 좋은 방법이 하나 있습니다. 바로 이것, "지금 생각나는 걸 다 적어."라는 조언입니다.

수많은 이야기 중에서 정말 중요한 것 하나만 적는 일은 매우 수준 높은 지적 행위입니다. 처음부터 그런 수준의 메모를 하려고 하기 때문에 하나도 적지 못하고 멀뚱히 바라만 보게 되는 거죠. 바닥에서 시작해야 합니다.

아이가 일단 보고 듣고 느낀 모든 것을 다 적게 해주세요. 당연히 아이의 메모를 보며 평가를 해서는 곤란합니다. 평가를 받게 되면 아이는 더 이상 아무것도 메모를 하지 않는 과거로 돌아갈 테니까요.

그렇게 메모를 시작한 후에는 쓸데 없는 것을 하나하나 지우며 배제하고 정말 중요한 몇 가지만 남기는 과정이 필요합니다. 이것이 바로 생산적으로 메모하는 사람의 습관입니다.

그 과정을 순서대로 다음 7가지로 정리했으니 아이에게 필사하게 해주세요. 행복한 메모 생활에 도움이 될 겁니다.

1. 주변에서 일어나는 모든 이야기를 메모하자.

2. 타인을 향한 비난의 소리는 지우자.

3. 지루한 표현이나 식상한 이야기도 지우자.

4. 욕설이나 과장된 이야기는 진실한 언어로 수정하자.

5. 확인하지 못한 이야기는 더 확인해서 수정하자.

6. 다른 사람의 의견은 최소한으로 남기자.

7. 모든 내용을 나만의 소리로 바꾸자.

메모는 모든 이야기를 글로 적으면서 시작합니다. 하지만 앞서 나열한 것처럼 지워야 할 부분도 있고 수정할 부분도 있습니다. 자기만의 소리로 바꿀 부분도 있지요. 쓸데없는 부분을 수정하고 바꿔야 제대로 된 메모의 기능을 할 수 있습니다.

가장 중요한 건 뭘까요? 맞아요. 1번, 주변에서 일어나는 모든 이야기를 메모하는 것입니다. 무언가를 써야만 수정도 할 수 있으니까요.

메모의 가치를 아이에게 알려주세요. 누군가가 쓴 글을 그대로 적는 필사도 물론 중요하지만, 자신이 본 느낌을 적는 메모 역시도 자연이 알려준 하나의 필사라고 생각할 수 있으니까요. "메모는 자연을 필사하는 행동이다."라는 글을 아이와 함께 필사하며 그 가치를 가슴에 품는 것도 좋습니다.

메모는 자연을 필사하는 행동이다.

'기호 노트'를 만들어서 진실한 문장을 갖게 해주세요

글을 쓸 때 갑자기 '이 부분에서 어떻게 써야 하나?'라는 생각이 들며 방법이 생각나지 않을 때는 '진실을 쓴다'고 생각하며 쓰면 됩니다. 최대한 진실한 마음에 가까운 단어와 표현을 찾는 거죠. 포장하지 않고 자연스럽게 드러낼 때 비로소 우리는 가장 빠르고 쉽게 생각을 글로 표현할 수 있습니다.

글쓰기를 통해 어딘가로 갈 때 세상에 진실한 마음보다 빠른 길은 없습니다. 진실한 문장을 가지고 있는 사람은 그것이 없는 사람과 비교할 때 훨씬 수월하게 근사한 글을 쓸 수 있습니다. 방황하며 글이 막힐 때마다 늘 돌아갈 지점이 있기 때문입니다.

예를 들어서 '돈'이라는 주제로 글을 쓰다가 다양한 사람의 의견과 견해가 혼란을 줄 때, 잠시 쓰던 글을 멈추고 자신에게 질문해보는 거죠.

"내가 생각하는 '돈'이란 무엇인가?"

그럼 다양한 답이 나오겠죠.

'사랑하는 가족을 위해 꼭 필요한 것'

'내가 노력한 시간이 주는 선물'

그렇게 나온 돈에 대한 변하지 않는 진실한 문장을 갖고 있다면 흔들리지 않고 자신의 문장에 맞게 글을 써내려갈 수 있습니다. 타인의 의견과 비교할 수 있는 분명한 기준이 생기는 거니까요.

기준이 생기면 글을 쓰기 훨씬 수월해집니다. 다만 아이 입장에서는 '진실한 문장'이 어렵게 느껴질 수 있으니 '나만의 기호'라는 표현으로 바꾸는 게 좋습니다.

이때 아주 좋은 방법이 있습니다. 아이에게 '기호 노트'를 하나 만들어 정기적으로 기호를 생각하고 기록하게 해주세요.

만드는 방법과 사용하는 과정을 설명하면 이렇습니다.

1. 아이가 자주 쓰는 단어 적기

아이가 일상에서 자주 마주치는 단어를 먼저 묻고 적는 게 좋습니다. 이런 질문을 통해 다가가면 좋습니다.

"요즘 말을 할 때 어떤 단어를 자주 사용하니?"

"무엇을 생각하면 마음이 행복하고 기쁘니?"

"특별히 아끼거나 좋아하는 물건이 있니?"

이런 방식으로 다양하게 질문을 하면 아이가 일상에서 어떤 단어를 자주 마주치는지 알 수 있게 됩니다. 아이가 그렇게 나온 자신의 답변을 노트에 생각하는 그대로 적게 해주세요.

2. 매주 다섯 문장으로 기호 파악하기

욕심을 내서 하루에 몰아서 해낼 필요는 없습니다. 즙을 내듯 쥐어짜는 게 아니라, 물이 흐르듯 저절로 나오게 하는 게 중요하니까요.

매주 다섯 개의 문장을 쓰면 딱 좋습니다. 평일에 하나씩 적어도 좋고 아이가 원한다면 격일에 한 개 혹은 두 개씩 적어도 좋습니다.

아이가 스스로 편안한 방식을 선택하게 해주세요. 그럼 진실한 문장을 만드는 동시에 책임감까지 갖게 되니까요.

3. 주요 단어를 스스로 선택하기

매주 다섯 개의 문장을 완성한 뒤에는 아이의 기호를 파악할 단어 다섯 개를 고르는 시간을 보내야 합니다. 방식은 이렇습니다. 만약 아이가 "나는 요즘 게임을 할 때 가장 행복합니다."라고 썼다면 이런 식의 질문으로 아이가 스스로 이 문장의 주요 단어를 선택하게 하는 거죠.

"이 글에서 너의 취향을 반영한 가장 중요한 단어가 뭘까?"

그럼 아이는 대번 '게임'이라고 답하겠지요. 그런 방식으로 다섯 개의 문장에서 다섯 개의 단어를 선정하는 것입니다.

4. 단어에 질문을 추가해서 묻기

이번에는 아이의 기호를 반영한 문장을 완성하기 위한 질문을 만드는 과정입니다. 이를테면 '게임'이라는 단어를 선택했다면 "나는 게임에 대해서 어떻게 생각하고 있나?"라는 방식의 질문을 만들어내는 거죠. 만약 '독서'나 '공부'라는 단어를 선정했다면 이렇게 만들면 됩니다.

"내가 공부를 하는 이유는 뭘까?"

"나는 어떤 책을 읽을 때 가장 행복하지?"

이때 중요한 건 주어가 들어가야 하며, 주어는 반드시 아이 본인이어야 한다는 점입니다.

5. 과장하지 않은 솔직한 답 적기

마지막 단계입니다. 이번에는 앞서 나온 질문에 대한 답을 하는 과정입니다. 쉽다고 생각할 수도 있지만 가장 주의 깊게 살펴야 하는 부분이기도 합니다. 거짓이 없는 아이만의 답변이 나와야 하기 때문이죠. 그래야 비로소 "이것이 내 아이의 기호다."라고 말할 수 있으니까요. 세상의 기준이나 부모의 눈치를 보지 않고 아이가 자신의 진짜 생각을 적을 수 있게 해주세요.

이렇게 5단계의 과정을 통해 기호 노트를 만들면, 주변의 변화에 내면이 흔들릴 때마다 혹은 다른 생각에 부딪혀 상처를 입을 때마다 자신의 기호를 떠올리며 다시 중심을 잡을 수 있습니다.

실제로 이것은 제가 초등학교에 입학하기 전부터 실천한 방법이기도 합니다. 제가 써봐서 그 효과를 누구보다 잘 알고 있지요.

저는 당시 일기 대신에 시를 쓰면서 다양한 단어에 대한 저만의 정의를 내렸습니다. 그런 저에게 하루는 할머니가 이런 이야기를 들려주셨죠.

~~~~

네 앞에 무엇이 있든 넌 할 수도 있고 안 할 수도 있어.
하지만 중요한 건 하든 안 하든 선택은 꼭 네가 해야 한다는 거야.
그래야 후회가 없을 테니까.

~~~~

미취학 아이가 듣고 이해하기에는 조금 어려운 말이라고 생각할 수도 있습니다. 하지만 그건 아이의 가능성을 제한하는 생각입니다. 글쓰기와 기호 노트의 효과를 아직 모르기 때문에 하는 이야기죠. 당시 저는 경쟁, 선택, 책임 등에 대한 저의 생각을 이미 글로 적었던 상태였으니까요. 저에게는 도저히 잊을 수 없는 멋진 조언이라, 할머니는 세상을 떠났지만 그 말씀은 아직도 제 내면에 보석보다 소중하게 간직하고 있습니다.

이 짧은 문장 안에는 스스로 생각하는 것의 가치와 선택하는 삶의 지혜, 후회하지 않는 삶과 잘못에 책임지는 태도까지 녹아 있습니다. 덕분에 저는 어릴 때부터 아주 작은 것 하나까지 스스로 선택해서 결정했죠.

실제로 초등학교 2학년 때 선생님이 성적표에 직접 써 주신 평가란에는 "오랫동안 생각한 끝에 행동하므로 실수가 전혀 없다."라는 글까지 적혀 있을 정도였습니다. 덕분에 실수와 후회가 없는 삶을 살 수 있었습니다. 모두 기호 노트를 만들어서 자주 쓰거나 언급하는 단어를 생각하는 제 고유의 가치가 있었기 때문입니다.

이외에도 다양한 이야기가 있지만, 가장 중요한 것은 "어떻게 하면 내 아이에게 그런 삶을 선물할 수 있을까?"라는 질문에 있습니다. 천천히 함께 생각해보죠.

아이의 생각을 깨우는 '30일 단어 탐험 노트'

"아이가 책을 읽다가 모르는 단어가 나오면 어떻게 해야 하죠?"

부모가 가장 고민하는 지점 중 하나입니다. 책을 읽기 시작한 지 얼마 안 되어 모르는 단어가 많을 때는 아이가 독서를 하다가 중간에 자꾸만 멈추게 됩니다. 그때 많은 부모가 어디에선가 들었던 "모르는 단어가 나오면 아이들이 스스로 사전을 찾아서 이해할 수 있게 하는 게 좋다."라는 말을 기억하며 바로 사전을 건네며 실행에 옮기게 하죠. 그런데 그게 과연 좋은 선택일까요?

여러분은 모르는 단어를 사전을 찾아 이해하는 방식에 대해서 어떻게 생각하나요? 아이에게도 한번 같은 질문을 해보세요. 가장 중요한 것은 아이 본인의 생각입니다. 정리하면 이 문제는 결국 "내 아이는 아직 아는 단어가 많지 않으니까 책을 읽기 쉽지 않을 거야. 모르는 단어는 그때그때 이해하고 넘어가는 게 좋지."라는 '아이의 현재 능력을 의심하는' 심리적 태도에서 나옵니다.

책을 읽든 글을 쓰든 가장 중요한 것은 아이의 능력을 미리 재단하지 않는 것입니다. 부모가 자르지 않으면 아이는 자신의 날개를 펴서 어디든 날아갈 수 있습니다. 돌아보면 언제나 선을 긋고 넘어가지 못하게 하는 것은 부모의 몫이었습니다. 물론 처음 책을 읽는 아이는 아는 단어가 극히 적어서 책을 읽는 내내 끊임없이 멈추게 될 수 있습니다.

그럼 멈춘다는 것은 무엇을 의미하는 걸까요? 나쁘기만 한 걸까요? 아닙니다. 읽다가 멈췄다는 것은 스스로 생각하고 짐작할 기회를 만났다는 사실을 말합니다. 그런 소중한 기회는 인생을 살며 자주 만나기 힘들죠. 거기에서 아이의 창의성은 '빛날' 수도 있고 '끝날' 수도 있습니다. 부모는 아이가 그 소중한 기회를 가장 근사하게 활용할 수 있게 도와야 합니다.

여기에서 그것을 도울 '30일 단어 탐험 노트'를 소개합니다. 방법을 실천하기 쉽게 구분해서 나열하면 이렇습니다.

1. '30일 단어 탐험 노트' 만들기

먼저, '30일 단어 탐험 노트'라는 이름으로 아이와 함께 쓸 노트를 하나 만들어요. 아이들은 같은 것이라도 '탐험'이라는 글자가 들어가면 더욱 흥미를 느끼죠.

또한, 세상에 존재하는 모든 단어는 스스로 의미를 찾아 마치 탐험하듯 하나하나 발견하는 것이라는 긍정적인 의식도 가질 수 있어 더욱 좋답니다.

2. 모르는 단어 세 개 쓰기

매주 한 권의 책을 선정합니다(총 4주 동안 4권 읽기). 그리고 매일 적게는 세 개, 많게는 다섯 개 정도를 정해서 책을 읽는 도중에 나오는 모르는 단어를 기록하면 됩니다. 하루 세 개도 충분히 많으니 처음부터 욕심을 낼 필요는 없습니다.

개수보다는 모르는 단어 하나를 알게 된다는 것이 얼마나 대단한 기적인지, 그 사실을 아이가 스스로 깨닫는 것이 가장 중요합니다. 아이에게 순간이라는 마법을 선물한다고 생각해주세요.

3. 뜻 짐작하기

매일 적은 단어를 스스로 짐작해보는 과정이 중요합니다. 만약 아이가 '정의'라는 단어를 썼다면, 부모가 먼저 이렇게 질문해보는 거죠.

"책을 읽을 때 네 생각에는 '정의'가 어떤 의미로 쓰인 것 같아?"

답이 정확할 필요는 없습니다. 그저 아이가 답하는 내용을 그대로 적으면 충분합니다.

"글쎄, 올바른 일을 말하는 것 같았어."

"나쁜 일은 아닌 것 같아."

이런 식으로 아이가 말한 내용을 그대로 노트에 적어주세요.

4. 30일 뒤, 1일차로 돌아가기

이제 노트 이름에 왜 '30일'이 들어가는지 알게 되는 단계입니다. 이유는 30일을 기준으로 다시 처음으로 돌아가서 생각하는 것이기 때문입니다.

30일 동안 모르는 단어를 적은 이후에는 그대로 계속 진도를 나가는 것이 아니라, 다시 처음으로 돌아가 1일차에 적었던 단어에 대해서 그 의미를 다시 한번 생각하는 것입니다.

이때 중요한 것은 의미만 다시 생각하는 것이 아니라, 당시 읽었던 책 내용을 다시 읽으며 생각해야 한다는 사실입니다. 아이는 읽었던 책을 반복해서 읽으며 누구도 알려줄 수 없는 반복의 힘을 깨닫게 됩니다.

5. 사전에서 뜻 확인하기

앞에 제시한 1~4번의 과정을 통해 아이는 모르는 단어의 의미를 시간을 두고 생각하며 '스스로 아는 법'을 터득하게 됩니다. 모르는 것을 스스로 아는 힘을 기르면서 아이는 조금씩 자신의 지적 감각을 향상시켜 나갈 수 있습니다.

이 시점에서는 사전을 찾아 세상이 정의한 의미가 무엇인지 확인하는 것도 좋습니다. 자신이 생각한 것과 사전에 적혀 있는 내용이 다를 수도 있지만 그것은 별로 중요하지 않습니다. 아이가 스스로 충분히 생각했다는 그 사실이 값진 것이기 때문이죠. 오히려 사전에 적힌 정의를 읽으며 "그렇게 생각할 수도 있구나."라는 감탄과 공감하는 마음까지 배울 수 있습니다.

간혹 처음부터 사전을 찾아서 알려줘야 아이가 그 단어의 의미를 오래 기억할 것이라고 생각하는 부모도 있습니다. 그것도 좋은 방법입니다. 하지만 단순히 사전에서 찾은 단어의 의미를 오래 기억하는 것과 전혀 모르던 단어를 스스로 생각해서 그 의미에 근접하게 다가가는 것 중에 무엇이 더 중요할까요?

물론 아이가 사전을 찾는 행위를 좋아한다면 굳이 그것을 막을 필요는 없습니다. 그것 역시 모르는 것을 알고 싶어하는 마음의 요구이기 때문이죠. 하지만 부모가 나서서 처음부터 사전을 찾게 할 필요는 없습니다. 방법과 과정의 선택권은 늘 아이에게 있다는 사실을 기억해주세요. 그래야 그렇게 나온 결과도 아이 자신의 경험으로 쌓일 테니까요.

선택권을 제한하는 것은 아이가 스스로 자기 생각에 시동을 걸 수 있는 기회를 막는 결과를 초래합니다. '30일 단어 탐험 노트'를 적극 활용해서 아이가 충분히 생각할 수 있게 기회를 주세요. 부모가 허락하면 가능한 일입니다.

배운 것 말고
본 것에 대해서 쓰자

부모가 아이에게 가장 자주 던지는 말 중 하나가 바로 "오늘 뭘 배웠어?"라는 질문입니다. 아이 입장에서는 정말 지긋지긋한 말이죠. 글을 쓸 때도 마찬가지입니다.

"오늘 학교에서 배운 것을 쓰면 되는 거야."

"책을 읽으며 새롭게 배운 것을 쓰면 되지."

이런 식의 조언을 자주 하는데, 한번 생각해보세요. 아이의 성공적인 글쓰기를 위해 던진 그 조언이 과연 성공한 적이 있었나요? 그 조언을 통해 아이가 갑자기 연필을 멈추지 못할 정도로 멋지게 글을 쓴 적이 있나요? 아마 그런 일은 일어나지 않았을 것입니다. "네가 오늘 배운 것을 쓰면 되는 거야.", "책을 읽고 느낀 부분을 그대로 써보자."라는 조언은 겉으로 볼 때는 제법 합리적으로 느껴질 수 있으나 듣는 사람 입장에서는 전혀 도움이 되지 않는 조언이기 때문입니다.

부모가 한번 자신에게 스스로 질문해보면 이유를 알 수 있습니다.

"나는 오늘 무엇을 배웠는가?"

"오늘 읽은 글에서 무엇을 느꼈는가?"

"그걸 글로 쓸 수 있는가?"

이제 부모도 조금은 깨달았을 것입니다. 배운 것과 느낀 것을 발견해서 그것을 글로 표현하는 것은 학자와 작가도 하기 힘든 수준 높은 일입니다.

그렇다고 질문을 아예 하지 말라는 것은 아닙니다. 중요한 일이니까요. 다만 '질문의 방향'과 '바라보는 대상'을 바꾸는 게 좋습니다. 바로 이렇게 말입니다.

"오늘 뭘 봤니?"

"학교를 오가며 무엇을 봤니?"

"책을 읽으며 어떤 풍경을 그렸니?"

이렇게 시각적인 것을 질문해야 답이 바로 나옵니다. 배운 것과 느낀 것을 쓰는 게 아니라, 자신이 본 것을 쓰는 것이 바로 인문학 글쓰기의 시작입니다.

인식을 전환해야 글이 제대로 나옵니다. 그래야 주변에서 자주 나오는 고양이와 강아지, 아이가 좋아하는 꽃과 자동차, 흥미를 갖고 지켜보는 수많은 대상에 대해서 언급할 기회를 가질 수 있습니다. 눈으로 보고 기억한 것을 그대로 글로 쓴다고 생각하면 됩니다. 그럼 억지로 무언가를 꺼내거나 발견할 필요가 없으니 아이 입장에서도 쉽게 글쓰기에 접근할 수 있게 됩니다.

그러나 제대로 본다는 것이 쉽지 않을 때가 있습니다. 많은 것을 보기 위해 박물관도 가고 산책을 떠나기도 하지만, 거기에서 우리는 생각처럼 많은 것을 보지 못하고 돌아오게 됩니다.

이유가 뭘까요? 자꾸만 판단을 하려고 하기 때문입니다. 진실로 무언가를 본다는 것은 '나는 아무것도 모른다.'라는 마음에서만 시작할 수 있습니다. 이미 무언가 의도를 갖고 있거나, 방향을 정해둔 상태에서 실행한 모든 움직임의 끝은 시간 낭비와 후회뿐입니다. 판단은 나중의 일이니 자꾸만 하나하나를 평가하려고 하지 말아야 합니다. 최대한 많은 것을 보겠다는 생각을 가져야 하고, 그러기 위해서는 어떤 필터도 없이 흡수해야 합니다.

그런 일상을 살게 돕는 것이 바로 필사입니다. 필사를 하기 위해 우리는 가장 먼저 글을 보게 되기 때문이죠. 글을 본 다음에 읽게 되고, 읽으면서 스스로 글에 대해 생각하게 되며, 생각한 글을 쓰면서 당장에는 뭐라고 표현하긴 힘들지만 그 글에 대한 자기만의 생각을 내면에 조금씩 쓰게 됩니다.

아이는 필사를 하며 단순히 글을 베껴 쓰는 게 아니라, 자기만의 생각을 내면에도 쓰고 있는 겁니다. 한 줄을 필사하면 하나의 새로운 세계가 탄생하는 것이지요.

제가 글을 쓰는 방식을 통해 하나의 팁을 전합니다.

〰〰

주변에 있는 수많은 글감을 자유로운 시선으로 바라보며, 그것에 대해서 편안하게 쓸 수 있게 아이의 시선을 존중하자.

〰〰

저는 글을 쓸 때 조금은 독특한 방법으로 진행합니다. 보통 단행본에 필요한 원고량은 200자 원고지 800매 정도이지만, 무려 그 2.5배인 2,000매를 쓰고 시작하는 거죠.

이것 역시 본다는 것과 맞닿아 있는 행위라고 볼 수 있습니다. 처음부터 필터를 복잡하게 설치하면 그 안을 비집고 들어오는 다양한 글감의 숫자를 늘릴 수가 없지요. 여기에서 판단하고 저기에서 판단하면서 결국에는 하나도 도착하지 않게 됩니다.

일단 아이가 주변의 모든 것을 자유롭게 흡수할 수 있도록 하는 게 좋습니다. 정보와 자료가 많아야 뭐든 쓸만한 것을 더 많이 찾을 수 있기 때문입니다. 간섭과 통제라는 필터를 거치면 아이만의 것은 아무것도 남지 않습니다. 그 문제를 해결할 수 있는 게 바로 필사입니다. 아이가 자신의 생각을 남길 수 있게 최대한 지켜봐주세요.

글의 중심을 잡아주는
사색훈을 만드는 3가지 질문법

요즘 많은 분들이 온라인 배달 서비스를 이용하지요. 자, 아이와 함께 한번 생각해볼까요.

한 고객이 배달 서비스를 제공하는 애플리케이션에서 죽을 파는 식당에 이런 리뷰를 남겼습니다.

"몸이 너무 아파서 죽을 주문해서 먹었는데, 또 주문하고 싶을 정도로 정말 만족했습니다. 다음에 또 주문할게요."

만일 여러분이 식당 사장이어서 이 고객의 리뷰에 댓글로 감사하는 마음을 적는다면 뭐라고 쓰시겠어요. 이때 아이와 함께 실제로 생각하며 글로 써보는 시간을 갖는 게 좋습니다. 보통은 이런 식의 글을 적게 되지요.

"고객님, 감사합니다. 정성을 다해 만들고 있으니 언제든지 또 주문해주세요."

"와우, 별 5개에 이런 예쁜 리뷰까지! 고객님, 감사, 감사, 감사합니다!"

좋은 마음을 적었지만 사실 어디에서나 쉽게 볼 수 있는 표현이라, 고객 입장에서는 특별한 감흥을 느끼지 못하고 지나치게 됩니다. 쉽게 말해서 어떤 고객의 글에 댓글로 써도 무리가 없는 글이지요. 단 한 사람만을 위한 글은 아니라는 말입니다. 이런 댓글을 받은 고객은 결국 그 식당을 기억에서 지우게 되죠. 좋은 마음도 특별히 싫은 마음도 느껴지지 않으니까요.

실제로 식당을 운영하는 한 독자가 이런 고민에 빠져서 저에게 도움을 구한 적이 있습니다. 죽 자체는 맛이 좋아서 경쟁력이 있는데 이상하게 장사가 생각처럼 성업을 이루지는 못했죠.

저는 그가 남긴 리뷰를 보며 문제점을 찾았습니다. 그가 죽에 담은 마음이 그가 쓴 리뷰에는 담겨져 있지 않았기 때문입니다.

저는 그에게 다음 3가지를 물었습니다.

"죽을 만들 때 누굴 가장 자주 생각하나요?"

"그에게 주고 싶은 마음이 뭐죠?"

"앞으로 그가 어떤 삶을 살기를 바라나요?"

그는 단번에 차례대로 이렇게 답했죠.

'고객', '따스한 정성', '건강한 미래'.

저는 "당신이 답한 3가지 답을 당신이 자주 다니는 곳에 붙여서 매일 보라."고 했습니다. 그리고 고객의 리뷰에 댓글을 쓸 때는 꼭 그 3가지를 기억하며 쓰라고 했지요. 그러자 기적처럼 식당 운영에 희망이 보이기 시작했습니다. 한 번 주문한 고객이 두 번 그리고 세 번 연속해서 죽을 주문했고, 입소문이 나서 새로운 고객도 많아졌습니다. 그 이유는 그가 남긴 리뷰에 있습니다. 완전히 바뀐 그의 리뷰를 읽어보시죠.

"저희가 정성을 다해 만든 죽이 고객님의 건강을 회복하게 할 수 있다면 정말 행복할 것 같습니다.^^ 저희 식당은 장사가 되지 않아도 좋으니, 부디 고객님이 건강해지셔서 다시는 아프다는 이유로 죽을 주문할 일이 없기를 소망합니다."

느낌이 어떤가요. 고객의 아픔을 실제로 걱정하고 있는 마음이 생생하게 느껴지지 않나요? 두 식당이 비슷한 맛의 죽을 만들고 있다면 여러분은 앞으로 어떤 식당의 죽을 주문할 생각인가요? 그렇습니다. 나만을 위한 글을 썼다는 기분이 느껴지며 동시에 따스한 마음을 담을 수 있는 곳을 선택하게 되지요.

아무리 멋진 것을 만들어도 그걸 소개하고 표현할 수 있는 근사한 글이 없다면 소용이 없습니다. 예쁜 마음을 전하는 것은 결국 예쁜 글이니까요.

우리가 제대로 글을 쓰지 못하는 이유 중 하나는 중심이 제대로 잡혀 있지 않아서입니다. 앞서 언급한 것처럼 사색훈을 통해 글의 중심을 잡으면 같은 내용의 글을 써도 이전과는 전혀 다른 결과를 만들어낼 근사한 글을 쓸 수 있습니다.

방법은 간단합니다. 제가 앞서 식당 주인에게 던졌던 3가지 질문이 있죠. 그게 바로 '사색훈'을 발견하는 질문입니다. 누구나 세상과 사람을 대하는 진심을 가슴에 품고 살죠. 다만 그게 정확히 뭔지 몰라서 꺼내지 못할 뿐입니다. 그것을 꺼내야 글의 중심을 잡을 수 있는데 말이죠.

지금 아이와 함께 다음 3가지 질문을 통해 자신만의 사색훈을 만드는 시간을 가져보세요.

~~~

1. 누굴 가장 자주 생각하나요?

2. 그에게 주고 싶은 마음이 뭐죠?

3. 앞으로 그가 어떤 삶을 살기를 바라나요?

~~~

자주 생각하는 사람과 그에게 주고 싶은 마음, 그리고 앞으로 그와 함께 살아가고 싶은 미래의 나날이 바로 여러분의 사색훈입니다.

저에게도 "세상과 사람에게 도움을 줄 수 있는 글을 쓰자."라는 사색훈이 있습니다. 그래서 무엇을 보고 듣고 느끼든 사색훈이 이끄는 글을 쓸 수 있지요. 거기에는 어떤 거짓과 혼란도 없습니다. 어떤 유혹에도 흔들리지 않고 글을 쓸 수 있기 때문입니다.

다음에 나오는 글도 마찬가지로 제 사색훈에 입각해서 즉석에서 쓴 글입니다. 전혀 어렵지 않습니다. 위에 제시한 3가지 질문을 통해 나온 사색훈만 있다면 얼마든지 가능합니다.

글을 읽어보며 제 사색훈이 글에 어떻게 녹아들었는지 그 느낌을 살펴봐주세요.

~~~

너에게 내 마음까지 전하고 싶다.

"몇 월 며칠에 가면 될까요?"라는 말보다는
"당신이 내리는 커피를 언제 마실 수 있을까요?"라는 말이,

"당신은 왜 내 전화를 받지 않았나요?"라는 말보다는
"당신이 조금만 바쁘지 않게 살면 좋겠어요."라는 말이,

"너! 포기하지 말고 최선을 다해."라는 말보다는
"꿈을 말하는 당신의 눈빛이 좋아요."라는 말이,

"죽을 만큼 당신을 사랑해요."라는 말보다는
"아침에 일어나 가장 먼저 당신을 생각해요."라는 말이,

내 마음을 더 많이 따뜻하게 만들어준다.

그래서 내 사랑은 늘 조금 늦게 도착한다.
이렇듯 느리게 오는 마음을 기다려서 그렇다.
때로는 오해를 받아 힘들지만 그렇게 사는 이유는,

한 번 생각하면 사실을 전할 수 있지만

열 번 생각하면 마음까지 전할 수 있기 때문이다.

당신만 기다려준다면,

늘 내 마음까지 전하고 싶다.

어떤가요? 여러분도 이런 글을 충분히 쉽게 쓸 수 있습니다. 앞서 여러분이 각자 설정한 사색훈을 바탕으로 위에 제가 쓴 글을 자신만의 글로 다시 써보세요. 제가 빈칸을 만들 테니 그 부분만 여러분 각자의 사색훈에 맞게 생각해서 채워주시면 됩니다.

너에게 내 마음까지 전하고 싶다.

"몇 월 며칠에 가면 될까요?"라는 말보다는

ㅡㅡㅡㅡㅡㅡㅡㅡㅡㅡㅡㅡㅡㅡㅡㅡㅡㅡ 라는 말이,

"당신은 왜 내 전화를 받지 않았나요?"라는 말보다는

~~~~~~~~~~~~~~~~~~~~~~~~~~~~~~~~ 라는 말이,

"너! 포기하지 말고 최선을 다해."라는 말보다는

~~~~~~~~~~~~~~~~~~~~~~~~~~~~~~~~ 라는 말이,

"죽을 만큼 당신을 사랑해요."라는 말보다는

~~~~~~~~~~~~~~~~~~~~~~~~~~~~~~~~ 라는 말이,

내 마음을 더 많이 따뜻하게 만들어준다.

그래서 내 사랑은 늘 조금 늦게 도착한다.

이렇듯 느리게 오는 마음을 기다려서 그렇다.

때로는 오해를 받아 힘들지만 그렇게 사는 이유는,

한 번 생각하면 사실을 전할 수 있지만

열 번 생각하면 마음까지 전할 수 있기 때문이다.

당신만 기다려준다면,

늘 내 마음까지 전하고 싶다.

모든 상황에서 주인이 되어야 무엇이든 쓸 수 있습니다

수년 전에 저에게 '30일 30단어 글쓰기 수업'을 받았던 아이가 있었습니다. 처음 글쓰기를 시작할 때 아이의 일상은 어지러운 상태였고, 그걸 바라보는 부모의 눈빛도 매우 불안했지요.

아이는 잠시도 자리에 앉아있지 못했고, 당연히 독서나 글쓰기는 기대할 수도 없는 상황이었습니다. 불안한 부모의 마음을 이해할 수밖에 없었죠. 더는 아이를 바꿀 방법이 없다는 생각을 하고 있었을 테니까요. 그러나 저는 희망을 보고 있었습니다. 그리고 정확히 2주의 시간이 지났을 무렵 아이의 부모님은 기쁨이 가득한 표정으로 저에게 세 가지 기쁜 소식을 전해주었습니다.

하나는 아이가 차분하게 주변을 관찰하기 시작했다는 소식이었고, 또 하나는 뭐든 스스로 생각해서 주도하게 되었다는 반가운 소식이었습니다. 그리고 나머지 하나가 매우 의미 있는 것이었는데, 바로 다양한 분야에 걸쳐 관심을 갖게 되었다는 소식입니다.

사실 30일 30단어 글쓰기를 진행하다 보면 이러한 변화는 매우 당연한 수순입니다. 하지만 아이의 그런 근사한 모습을 처음 보는 부모 입장에서는 그저 놀라울 뿐이지요. 마치 달라진 현실이 기적처럼 느껴지기 때문이겠죠.

실제로 그 아이는 자신의 삶에서 기적과도 같은 변화를 보여주었습니다. 수업을 진행하던 시기가 한겨울이었는데, 전혀 지각을 하지 않던 그 아이가 하루는 지각을 할까봐 숨을 헐떡이는 상태로 도착한 것입니다. 이상해서 이유를 물었죠. 그러자 아이는 놀라운 이야기를 전해주었습니다.

아이는 집에서 나와 수업이 있는 장소로 걸어가는 길이었다고 했습니다. 그런데 골목에서 빙판을 만나 미끄러져 넘어질 뻔했다고 했죠. 그 순간 아이는 그대로 집으로 돌아가서 펜과 종이를 들고 왔다고 했습니다. 이유는 간단합니다. 빙판이 된 바닥 옆에 "여기는 미끄러우니까 조심조심 걸어가세요."라는 글이 적힌 종이를 붙이기 위해서였습니다. 정말 감동스러운 일이 아닐 수 없습니다. 혹시 모르고 누군가 지나가다가 미끄러질까 걱정이 되어 자신의 시간과 노력을 투자해서 그런 멋진 행동을 했던 것이지요.

이게 생각보다 더 근사한 행동인 이유는 무엇일까요? 그렇죠. 아무도 바라보지 않고 누구도 신경을 쓰지 않는 공간에서 아이는 눈을 떠서 누군가를 걱정했다는 사실입니다. 이 에피소드의 핵심은 바로 주인의식에 있습니다.

"주인의식이란 무엇을 말하는 걸까요?"

여기저기에서 자주 들어본 표현이지만, 스스로 '주인의식이란 바로 이것이다.'라고 확실하게 정의한 적은 별로 없을 겁니다. 그저 좋은 의미로만 사용한다고 알고 있는 게 전부이지요. 글쓰기에 매우 중요한 부분이니 아이와 함께 생각하는 시간을 가져보기로 해요.

주인의식이란 직장에서 아무도 하지 않는 일을 스스로 맡아서 자신의 일처럼 하는 사람을 말하는 걸까요. 아니면 학교에서 아무도 청소를 하지 않을 때 나서서 교실을 청소하는 것을 말하는 걸까요. 모두 정말 아름다운 일이지만 그것을 완전한 주인의식이라고 말하기는 쉽지 않습니다.

자신의 이익과 조금은 연관이 되어 있기 때문이죠.

앞선 아이처럼 자신의 이익과 아무런 상관이 없는 곳에서 자신과 전혀 관계가 없는 사람들을 위해 마음을 전하는 일을 할 때, 우리는 그걸 주인의식에서 나왔다고 말할 수 있습니다. 자신이 주인이 아닌 곳에서 타인을 위해 봉사하고 사랑을 전하며 스스로 주인이 된 삶을 사는 것이지요.

생각만으로도 마음 따스해지는 풍경입니다. 거기에서 끝나는 것이 아닙니다. 아이는 스스로 누군가를 위해 그 공간의 주인이 된 결과, 그 공간에서 일어난 모든 상황을 자신의 글로 표현할 수 있는 특권을 갖게 되었습니다.

그런 아이에게는 따로 읽을 동화가 필요하지 않습니다. 매일 스스로 세상에 하나뿐인 근사한 동화를 삶으로 쓰고 있기 때문이죠. 모두가 그냥 스칠 때 아이는 스스로 공간의 주인이 되었고, 자기만의 이야기를 그 공간에 한 줄 한 줄 써나갔기 때문에 가능한 일입니다.

"왜 너한테는 글이 될 수 있는 멋진 일이 자주 일어나지?"

"나는 늘 지루한 하루만 보내고 있는데, 넌 뭔가 달라!"

주변에 이상하게 글감이 사라지지 않고 계속 나오는 사람들이 있지요. 그들이 바로 대표적으로 모든 공간의 주인으로 살아가는 사람들입니다. 어떤 이익도 바라지 않고 그 공간의 주인으로 살면 가능한 일입니다.

"내가 여기에서 무엇을 할 수 있을까?"

"여기에 필요한 게 뭐가 있을까?"

늘 이런 질문을 마음에 담고 살면 누구나 어디에서든 주인으로 살아갈 수 있습니다. 입버릇처럼 질문하다 보면 어느새 달라진 일상을 느끼게 될 겁니다.

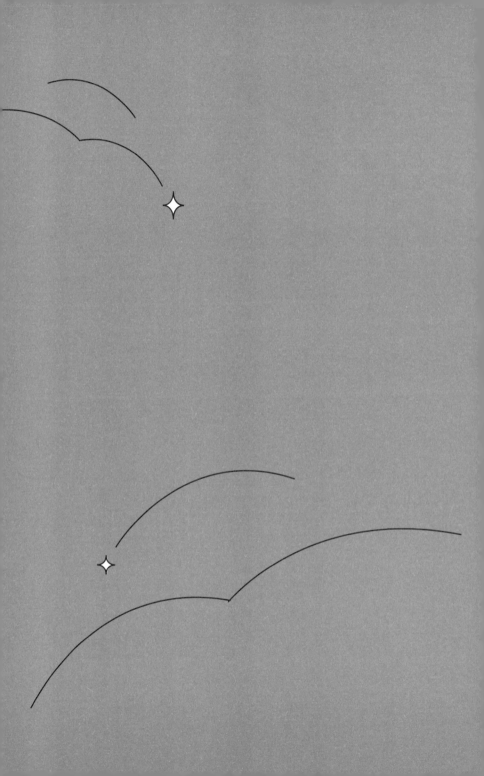

3장

문해력을 기르는
'30일 인문학 질문'

문해력은 '기초학력'이 아니라 '생존력'입니다

여러분은 문해력이 뭐라고 생각하나요?

사전에 적힌 정의와 전문가들이 말하는 이야기는 잊고 자신만의 생각을 한번 정리해보는 시간을 갖는 것도 좋습니다. 그래야 아이에게 문해력의 가치를 설명할 때나, 공부와 독서 그리고 글쓰기의 상관관계에 대해서 말할 때도, 자신의 말에 더욱 설득력을 부여할 수 있기 때문입니다. 자신도 잘 모르는 것을 설명할 수는 없는 노릇입니다. 이럴 땐 듣는 사람이 가장 먼저 알아차리지요.

"에이, 자기도 모르면서 가르치기는!"

문해력을 기르는 '30일 인문학 질문' 파트의 진도를 나가려면 반드시 필요한 부분이니 '문해력은 ○○이다.'라는 정의를 내려보시기 바랍니다. 아이에게도 질문하여 아이의 생각을 들어보시는 것도 좋은 방법입니다.

"에이, 나도 잘 모르고 생각하지 못했던 것을 아이가 어떻게 알겠어?"라는 생각은 하지 말기로 해요. 여기까지 책을 읽은 분이라면 이유가 뭔지 알고 계시겠죠? 그것은 아이의 생각을 멈추게 하는 매우 좋지 않은 생각 습관입니다. 늘 가능성의 끈을 잡고 대화를 나누는 게 서로를 위해 좋습니다.

이제는 문해력이 대체 왜 중요한지, 글쓰기를 위해 문해력을 왜 길러야 하며, 왜 30일 인문학 질문이 필요한지 하나하나 알아보도록 하겠습니다.

보통은 긍정적인 의미로 사용하지만 개인적으로 매우 안타깝게 생각하는 단어가 두 개 있습니다. 하나는 '유망주'라는 말이고 또 하나는 '차세대'라는 말입니다. 관성에 매몰된 상태로 생각하면 "그거 좋은 의미 아닌가?"라고 생각하기 쉽죠. 그러나 그 의미를 뜯어보면 짐작도 할 수 없었던 의미가 녹아 있음을 알 수 있습니다.

'지금 당장은 부족한 상태'

'아직은 선보이기 힘든 수준'

'무언가 보완이 필요한 단계'

'시간이 더 필요한 사람'

하지만 섬세하게 자신을 들여다볼 능력이 없고, 타인의 작은 칭찬도 크게 의미를 부여해서 스스로 마음을 심란하게 만드는 이들은 "그래, 이 정도면 충분해. 조금만 있으면 나도 세상에 나갈 수 있을 거야."라고 오판하게 되죠. 자신의 현재 수준을 제대로 파악하지 못한, 정말 슬픈 오판입니다.

그 결과는 어떤 미래를 만들까요? 위에 나열한 네 가지 문제점은 '유망주'와 '차세대'에 머물러 있는 자신의 수준을 보완하라는 의미에서 던진 조언인데, 그걸 알아듣지 못하고 아까운 시간만 낭비하게 됩니다. 그 현실이 더욱 슬픈 이유는 그러다가 나중에는 자신을 알아주지 않는 세상에 대한 나쁜 마음을 갖게 되며 동시에 사람과 세상을 향한 태도 자체가 부정적으로 바뀌기 때문입니다.

"나만 왜 만년 유망주야?"

"이건 세상이 불공평해서 그래."

"나는 문제가 없어. 네가 잘못된 거야."

이런 상태에 도달하면 이제 작은 가능성마저 모두 사라

진 거라고 볼 수 있습니다.

무엇이 재능 있는 그들을 불행하게 만들었을까요? 답은 바로 문해력에 있습니다. 자신을 향한 조언과 눈빛이라는 이미지, 그리고 다양한 종류의 평가를 제대로 해석하지 못해서 일어난 일이기 때문입니다. '유망주'라는 말은 아직은 부족하다는 조언인데, "이 정도면 충분해."라는 의미로 받아들였기 때문이죠.

모두에게는 각자의 재능이 있습니다. 그것은 이미 모두 아는 사실입니다. 결국 그 재능을 꺼내서 더욱 근사하게 발전시키지 못하는 이유는 문해력의 부재 때문입니다. 진심을 담아 전한 조언은 그 자체가 성장을 돕는 가장 영양가 높은 약입니다. 그러나 그걸 해석할 능력이 없다면 멋진 조언도 효력을 발휘할 수 없게 되지요.

~~~~~

1. 학교에서 아무리 배워도 잘 이해하지 못하는 아이

2. 책을 읽어도 아무것도 얻지 못하는 아이

3. 세계적인 문화 유산을 직접 보고도 어떤 감흥도 느끼지 못하는 아이

~~~~~

이러한 아이들도 마찬가지로 문해력이 낮다는 공통점이 있습니다. 그래서 늘 강조합니다.

〰️

문해력은 단순히 기초적인 학습에 필요한 것이 아니라,
살아가는 데 꼭 필요한 생존력입니다.

〰️

생사가 달린 일이라는 의미입니다. 그게 바로 문해력에 대한 제 정의입니다. 이제 어떻게 하면 문해력을 키울 수 있는지 본격적으로 알아보도록 하겠습니다.

내 언어의 한계는
내 세계의 한계를 의미합니다

'언어의 가치'와 '언어가 아이 삶에 미치는 영향'에 대해
서 깊이 생각해본 적이 있으신가요? 없다면, 지금부터라도
저와 함께 지혜로운 사색의 세계로 가보시지요.

높은 문해력으로 다양한 분야의 글을 남겼던 20세기를
대표하는 위대한 천재 철학자 비트겐슈타인은 언어가 가
진 힘을 매우 중요하게 생각했습니다. 그가 '천재 철학자'
가 될 수 있었던 힘 역시 '언어'를 갈고닦은 시간에 있었습
니다. 처음부터 문해력이 높거나 눈에 띌 정도로 천재는
아니었던, 그의 어린 시절을 한번 들여다볼까요.

아홉 살이 된 비트겐슈타인은 스스로에게 철학적인 질문을 던졌습니다. 그리고 그 질문을 시작으로 그의 언어는 깊어지고 풍부해졌죠. 그렇습니다. 이것이 바로 문해력을 키우는 질문인 거죠. 어떤 질문인지 궁금하시죠? 바로 이 질문입니다.

"거짓말을 하는 것이 이로울 때에도 나는 진실을 말해야 할까?"

사실 이 질문은 요즘 아이들도 자주 생각하는 문제입니다. 딱히 새롭거나 특별한 것은 아니죠. 그러나 중요한 부분은 그가 내린 답에 있습니다. 그가 찾은 답은 무엇일까요?

"거짓을 말하는 것이 이로울 때는 거짓을 말해도 잘못이 아니다."

특별한 답은 아니지만, 아홉 살 소년이 시작한 질문과 답이라고 생각하면 이것이 얼마나 특별한지 알 수 있습니다. 또한 이 과정에서 답보다 중요한 것은, 그가 하나의 질문을 스스로 창조하고 그것에 대한 답을 내리기 위해 '오랫동안' 사색에 잠겼다는 사실에 있습니다. 그 시작과 과정이 매우 중요합니다.

우리가 보고 느끼는 세계는 결국 우리가 가진 언어 그

이상이 될 수 없습니다. '언어'라는 렌즈로 세상을 바라보고 있기 때문이죠. 이렇게 우리 안에 품은 언어의 세계를 확장할 수 있다면 우리는 굳이 멀리 나가지 않고도 앉아서 세계를 바라보며 짐작할 수 있습니다.

다시 한번 말하지만, 내 언어의 한계는 내 세계의 한계를 의미합니다. 제가 '30일 인문학 질문' 파트를 구상하며 이 부분을 매우 중요하게 생각했던 이유도 거기에 있습니다.

문해력을 높이려면 질문이 필요하고, 그런 일련의 과정을 30일 동안 반복하면 저절로 글쓰기 능력을 기를 수 있습니다. 어린 비트겐슈타인 역시 그 사실을 깨닫고 자신이 지닌 문해력의 한계를 극복하기 위해 이런 상상을 자주 했습니다.

여러분도 아이와 함께 한번 상상해보며 그 모습을 그려본다면, 지속적인 훈련을 통해 더 폭넓게 언어를 쓸 수 있게 될 것입니다.

"우리는 마찰이 없는 미끄러운 얼음판으로 들어섰다. 어떤 의미에서 그 조건은 이상적이었지만, 그로 말미암아 우리는 길을 걸을 수 없게 되었다. 그러므로 마찰이 필요하다. 거친 땅으로 돌아가야 한다."

아이에게 한번 물어보세요. 이게 과연 무엇을 의미하는

지 말이죠. "에이, 나도 생각이 필요한 글인데 아이가 어떻게 알겠어?"라는 짐작은 하지 말아요. 앞서 잠시 언급했지만, 아이는 아직 자신의 능력을 다 꺼내 보여주지 못한 상태입니다. 그의 말은 바로 이것을 의미하죠.

"오늘날 우리의 교육은 고뇌하고 인내하는 능력을 억누르는 방향으로 흐르고 있습니다. 우리가 왜 여기에 서 있는지 그 이유를 알지 못하죠. 그러나 우리는 단지 인생을 즐기기 위해서 여기에 있는 것은 아니라는 그 사실만큼은 확신합니다."

활용할 수 있는 언어의 수준을 높여서 자기 앞에 주어진 세계의 한계를 극복하려면 씹기에 부드럽고 소화가 잘 되는 음식만 먹을 게 아니라, 때로는 어떻게든 거칠고 딱딱한 것도 씹어서 넘겨야 하고 소화해야 한다는 말입니다.

중요한 것은 그 가치를 알고 의지를 다지는 일입니다. 그는 어릴 때부터 문해력을 높이기 위해 그 가치를 이렇게 일상에서 스스로 발견했습니다. 제가 여기에서 언급한 '30일 인문학 질문'을 어릴 때부터 실천한 셈이지요.

이제 이게 얼마나 중요한 일이며 가치 있는지 아셨다면, 계속해서 소개하는 내용과 이 책에 따른 워크북으로 하나하나 귀한 것들을 우리 안에 쌓기로 해요.

문해력을 기르는
30일 인문학 질문법

부모님들이 가장 중요하게 생각하는 부분 중 하나가 '아이의 탄탄한 내면'에 대한 문제입니다. 그래서 저는 가끔 이런 질문을 합니다.

"내면이 탄탄한 아이는 뭐가 다를까요?"

"어떻게 하면 내면이 탄탄한 아이로 키울 수 있을까요?"

그런 질문과 함께 정의와 도덕, 그리고 기품과 고상한 인격을 기를 수 있는 인문학 질문의 가치를 논하면서, 아이에게도 한번 질문해보라고 권합니다. 이때 어떤 부모님은 이런 걱정을 하십니다.

"다 좋은 말인데, 아이가 그 말을 이해할 수 있을까요?"

"나도 잘 모르겠는데, 아이가 알 수 있을까요?"

이럴 때는 반대로 생각할 필요가 있습니다.

"왜 아이의 생각과 수준을 부모님이 결정하려고 하시나요?"

여러 번 강조하지만 세상에 이해할 수 없는 말은 없습니다. 질문하지 못한 말만 있을 뿐이지요.

실제로 제가 가르친 아이 중에는 "탄탄한 내면이 무엇이라고 생각하니?"라는 질문에 "세상에서 가장 힘이 센 것."이라고 쓴 일곱 살 아이도 있었습니다. 그래서 저는 한번 더 물었죠.

"그렇게 생각한 이유가 뭐니?"

그러자 아이는 바로 이렇게 답했습니다.

"내면이 탄탄해지면 흔들리지 않잖아요."

놀라운 답변이었습니다. 몸의 힘보다 마음의 힘이 더 강하다는 사실을 알고 있던 것이니까요. 그 아이는 이제 내면의 힘이 무엇인지 알게 되었으며, 스스로 정의한 내면이라는 틀을 기준으로 자신과 세상을 바라볼 수 있게 되었습니다. 새로운 세상에서 스스로 중심에 설 수 있게 된 셈이지요. 묻지 않으면 도착할 수 없는 지점입니다.

더 중요한 게 하나 남아 있습니다. 네, 그렇습니다. 아이가 방금 답한 "내면은 세상에서 가장 힘이 센 것입니다. 내면이 탄탄해지면 흔들리지 않기 때문이죠."라는 생각을 글로 쓰면 그 아이만 쓸 수 있는 근사한 글이 된다는 사실입니다.

질문과 문해력, 그리고 글쓰기가 서로 어떤 연관이 있는지 이제 잘 아시겠지요? 저는 누구나 그걸 해낼 수 있다고 생각하며, 지난 30년 가까이 연구한 최선의 방법을 알려드리는 겁니다.

다시 한번 강조합니다. 아이는 능력이 없어서 하지 못했던 것이 아니라, 자신의 가능성을 스스로 믿지 못하거나 믿을 수 있는 계기를 마련하지 못해서 하지 못했을 뿐입니다. 그저 인문학 질문을 통해 스위치만 누르면 만날 수 있는 변화입니다.

많은 사람들이 문해력의 가치를 강조하는 세상에 살고 있습니다. 제가 그동안 연구한 결과에 따르면 '지적 도구'라는 기준으로 볼 때 '문해력'은 크게 '독서'와 '글쓰기'로 구성되어 있습니다. 그리고 '독서'와 '글쓰기'는 다시 '일상'이라는 가장 작은 단위로 나눌 수 있죠.

자신이 보내는 일상을 장악할 수 있다면, 그 아이는 스스로 책을 읽고 글을 쓰며 자신의 문해력을 높일 수 있습니다. 이렇게 차근차근 방법을 찾으면 결코 어렵거나 힘든 일이 아닙니다.

'30일 인문학 질문'을 통해 아이가 자신이 보내는 일상의 가치를 느낄 수 있게 해주세요. 자신의 가능성을 스스로 꺼내서 다양하게 활용할 줄 아는 사람으로 멋지게 성장할 테니까요. 다시 한번 기억해 주세요.

〰〰

어려운 게 아닙니다. 시작하지 않았을 뿐입니다.

〰〰

발밑에 숨어 있는 글의 단서를 발견하게 돕는 3가지 질문

　나이가 적든 많든 우리는 모두 눈을 뜨는 동시에 글을 쓸 수 있습니다. 제 말이 믿기지 않는다고요?

　새벽에 잠에서 바로 일어난 사람에게 "지금 글을 써야 합니다."라고 말한다면 그는 무엇에 대해 쓸 수 있을까요?

　"작정하고 써도 잘 써지지 않는 게 현실인데 눈을 뜨자마자 어떻게 쓰나?"

　"당신은 쓸 수 있나요? 갑자기 글을 쓰라고 하면 어떻게 쓸 수 있겠어요?"

　이렇게 항변할 수도 있겠지요. 하지만 그는 모르고 있습니다. 방금 자신이 항변하며 내세운 주제로 글을 쓸 수 있다는 사실을 말입니다. 이를테면 그는 '일어나자마자 글을 쓰는 세 가지 방법'에 대한 글이나, '갑자기 글을 쓰라는 재촉을 받고 생각한 것들'이라는 주제로 글을 쓸 수 있지요. 어떤가요? 정말 직접 생각한 내용을 주제로 만드니 훨씬 생생하게 느껴지지 않나요?

글쓰기는 방법을 찾는 즐거운 놀이입니다. 글쓰기 수업에서만 혹은 따로 주제를 받아야만 글을 쓸 수 있는 것은 아닙니다. 아침에 일어나 졸려서 눈을 비비면서도 우리는 다양한 글감을 찾을 수 있습니다.

"나는 왜 늘 10분 늦게 일어나는 걸까?"

"하루를 행복하게 시작하려면 어떻게 해야 할까?"

"탁상용 시계가 낡아서 알람이 울리지 않을 땐 어떻게 해야 하는 걸까?"

이렇게 글로 쓸 수 있는 주제와 글감은 주변에 다양하게 널려 있습니다.

처음부터 근사한 글은 없습니다. 글이 되지 않을 것 같은 주제로 시작해서 글로 완성하는 것이 바로 글쓰기만의 매력입니다.

정말 중요한 조언입니다. 꼭 아이와 필사와 낭독을 하면서 기억해주세요.

저는 늘 글이 될 주제를 주변에서 찾습니다. 여러분도 지금 한번 주변에서 찾을 수 있는 글감에 대해서 생각해보세요. 굳이 글로 쓰지 않아도 매일 글감을 세 개 정도 발견해서 따로 메모를 하는 것도 참 좋은 습관입니다. 매일 자신이 나중에 먹을 식량을 모아두는 것과 같으니까요. 아이와 함께 지금 실습을 해보세요.

1. 노트 만들기

지금 '글 발전소 노트'라는 이름으로 아이와 함께 쓸 두 사람만의 워크북을 하나 만드세요. 어려운 일이 아니니 편안한 마음으로 시작하면 됩니다.

2. 글감 찾기

주변에 있는 물건이나 지금 처한 상황에서 글감을 발견해서 주제를 정해보는 겁니다. 모든 것은 글이 될 수 있다는 생각이 중요합니다.

3. 개수는 적당히

많이 생각할 필요는 없습니다. 아이와 부모가 함께 격일에 하나씩 글의 주제를 생각해서 나중을 위해 정성껏 준비하면 됩니다.

4. 소소한 일상이면 충분

거창하거나 특별한 주제일 필요는 없습니다. 자신만의 이야기라면 충분하니 부담을 느끼지 마세요. 소소한 일상이라면 더욱 좋습니다.

'글 발전소 노트'가 아이의 글쓰기 능력에 어떤 영향을 미치는지 예를 들어 자세히 설명을 해보겠습니다. 우리 모두의 발밑에는 아직 그 누구도 발견하지 못한 이야기가 숨어 있답니다.

이런 상상을 한번 해보죠. 아주 추운 겨울, 편의점에서 라면을 사서 나오다가 출입문 앞에 떨어진 게임기를 발견했다면 여러분은 어떤 생각이 들까요? 이런 의문을 품을 수 있겠죠.

"누가 이 추운 겨울에 게임기를 갖고 돌아다녔을까?"

"부모님 몰래 게임을 하다가 들켜서 혼나고 게임기는 버려진 게 아닐까?"

땅에 떨어진 게임기를 발견하는 것은 흔한 경험은 아니지요. 다른 물건이 떨어져 있을 때도 우리는 다양한 의문을 제기할 수 있답니다. 초콜릿이나 빵, 아기 옷이나 신발이 떨어져 있어도 말이죠.

중요한 것은 우리 발밑에 있는 이야기를 발견해서 그 안에 숨어 있는 내용을 상상해보는 것입니다. 마치 처음 방문하는 지역을 탐험하는 것처럼 말이죠. 늘 이런 질문을 하며 일상을 보내면 자기만의 멋진 주제를 만날 수 있답니다.

~~~

1. 여기에는 뭐가 있을까?
2. 이건 무슨 의미일까?
3. 앞으로 어떻게 될까?

~~~

이렇게 3가지 질문을 통해 우리는 어디에서든 남들이 아직 발견하지 못한 미지의 세계로 이끌 단서를 찾을 수 있답니다. 중요한 건 중간에 멈추지 않는 겁니다. 우리 힘을 내서 끝까지 하기로 해요. 위의 3가지 질문이 우리를 가장 멋진 장소로 안내할 테니까요.

내면을 튼튼하게 만드는 5단계 메일(메시지) 보내기

간혹 초등학교나 중학교에 다니는 아이들에게 메일이 올 때가 있습니다. 그런데 그 숫자가 급격하게 증가하는 시기가 따로 있는데, 학교에서 아이들에게 '작가에게 메일 보내서 답장 받기'를 숙제로 내줄 때입니다. 참 귀여운 숙제이지요.

초기에 아이들에게 메일을 받을 땐 예쁘고 아름답게만 생각했습니다. 그런데 곧 문제를 발견했습니다. 문제는 100%라고 말할 정도로 아이들이 메일 쓰는 방법을 모른다는 사실에 있었습니다. 더 구체적으로 말하면 '글을 쓸 줄

모른다는 것'입니다.

많은 아이들이 이미 프로그램이 끝나 어떤 방식으로 움직인다는 것을 약속한 기계와 시스템을 다루는 데는 능숙하지만, 그 안에 내용을 채우는 데는 미숙한 거죠. 때로는 같은 글을 복사해서 붙여넣기를 했다는 것이 매우 확연히 드러나서 기분이 나빠지며, 심지어는 메일 어디에도 제 이름이 없어서 도가 지나치다는 생각이 들 정도입니다.

"대체 무슨 생각으로 메일을 보냈을까?"

미안하지만 아이들이 보낸 메일을 읽으면, 절로 이런 푸념이 나온답니다.

현대 사회에서 글쓰기를 중요하게 생각하는 이유는 과거보다 메시지나 메일 등 언어로 의사소통을 자주 나누기 때문입니다. 코로나 바이러스 사태가 생긴 이후에는 그게 더욱 심해졌죠. 타인과의 소통에서 무너지면 결국 실패한 경험이 쌓여 내면에 큰 상처를 입게 됩니다.

"내가 쓴 글은 왜 늘 오해를 부를까?"

"왜 난 마음을 글에 제대로 담지 못하는 걸까?"

이런 생각이 절로 들지요.

아이들도 마찬가지입니다. 친구나 주변 사람들과 메일(메시지) 등으로 나누는 소통이 제대로 이루어지지 않으면 점점 자신을 잃게 됩니다. 탄탄했던 내면도 쉽게 파괴됩니다. 하지만 희망은 있습니다. 모든 일이 다 그렇지만 모르면 힘들게 느껴졌던 것도 알면 정말 쉽고 간단합니다.

메일(메시지) 보내는 방법과 과정 역시 매우 간단합니다. 아이의 글쓰기에 적용해도 좋으니, 아직 글쓰기에 익숙하지 않거나 쓰기 싫어하는 아이에게 자연스럽게 다음 5단계 방법이 익숙해지도록 만드는 것도 좋습니다.

참, 꼭 필사를 하길 바랍니다. 이번에는 외울 정도로 반복해서 필사하는 것을 추천합니다. 글에 기품을 담는 방법이기도 하기 때문입니다.

1. 메일(메시지) 첫 줄에 받는 사람 이름을 적자.

2. 따뜻한 언어로 인사를 하고 자기 소개를 하자.

3. 왜 메일(메시지)을 썼는지 정확하게 설명하자.

4. 메일(메시지)을 보낸 이유가 얼마나 간절한지 표현하자.

5. 그리고 가장 정중한 인사로 마무리하자.

어떤가요? 참 간단하죠. 그러나 모르는 사람에게는 막연할 뿐입니다. 그래서 매년 각종 기념일만 되면 인터넷 포털사이트에 '안부 편지 보내기', '새해 인사말 쓰기' 등의 검색어가 상위권에 오르고 있는 것이지요.

이제는 걱정할 필요가 없습니다. 이렇게 5단계만 지키면 아무런 문제가 없으니까요. 꼭 기억해주세요. 답장을 받는 것도 중요하지만, 그 시작과 과정에 더욱 위대한 가치가 녹아 있답니다.

어떤 내용의 글을 쓰든 늘 상대를 배려한다고 생각하세요. 배려한다는 마음만 갖고 있다면, 위에 쓴 방법을 굳이 알려주지 않아도 메일을 쓰며 저절로 깨닫게 되니까요.

제가 굳이 메일(메시지)을 쓰는 방법에 대해서 알리는 이유는 이것이 아이 내면을 탄탄하게 해주기 때문만은 아닙니다. "나도 글을 잘 쓸 수 있다."라는 글쓰기에 대한 자신감을 가질 수 있게 하기 때문이죠.

자신감은 그냥 마음을 먹는다고 가질 수 있는 게 아닙니다. 실제로 자신감을 가질 수 있는 실력과 경험을 통해서만 얻을 수 있습니다. 제가 앞서 아이와 위의 5단계 조언을 필사하시라고 추천한 이유가 바로 거기에 있습니다.

필사 후 낭독하며 실제로 서로 메일(메시지)을 써보며 실습을 하는 것도 좋습니다. 부모님은 크게 실감하지 못할 수도 있지만 아이 입장에서는 메일 하나를 보내는 일에서도 자신감을 얻을 수 있습니다. 하지만 그게 이루어지지 않으면 내면이 자꾸만 망가질 수도 있습니다. 그런 상황이 되지 않도록 꼭 이 조언을 기억해 주세요.

어렵게 생각하지 말아요. 필사하고, 낭독하고, 쓰면 됩니다.

무언가를 생각하고, 그것을 쓰고, 배운다는 것

저는 지금 인간으로 태어나 스스로 할 수 있는 최고의 지적 행위에 대해서 말하려고 합니다. 바로 생각하고 그것을 글로 쓰며 동시에 배우는 행위를 말이죠. 그것만큼 인간의 가치를 극명하게 보여주는 것이 세상에 또 있을까요?

모두가 그 사실을 알고 있지만 실천은 쉽지 않습니다. 생각하고 쓴다는 것은 정말 소중한 일이지만, 막상 글을 쓰려고 의자에 앉아 있어도 글이 써지지 않을 수 있고, 산책을 통해 영감을 자극하는 행위도 마음처럼 영감을 받지 못할 수 있습니다. 아니요. 사실 실패로 끝날 가능성이 더 높습니다.

저도 그 사실을 잘 알고 있습니다. 하지만 저는 여전히 매일 새벽 3시에 일어나 깜깜한 밤에 의자에 앉아서 글을 기다립니다. 글이 오지 않으면 커피를 마시며 좋아하는 음악을 감상하며 영감이 떠오르기를 기다립니다.

그러나 앞서 말했던 것처럼 글도 영감도 오지 않을 때가 더 많습니다. 그럴 때면 언제나 깊은 고독에 빠지지요. 내일도 마찬가지로 그렇게 힘든 시간만 보낼 수도 있습니다. 하지만 다시 새벽에 일어나 글과 영감을 기다리며 앉아 있는 이유는 오직 단 하나입니다.

〰〰

혹시라도 그때 뭐라도 하나가 떠오르면
바로 받아서 적을 준비는 하고 있어야 한다.

〰〰

그렇습니다. 세상은 버튼을 누른다고 바로 무언가를 주는 자판기가 아니니까요. 앉아서 기다린다고 글과 영감이 바로 주어지는 것은 아닙니다. 늘 그렇게 언제 도착할지 모를 글과 영감을 기다리며 앉아 있어야 하지요. 적어도 오자마자 글로 적어야 나를 떠나지 않을 테니까요.

이때 글이 써지지 않는다고 걱정하거나 불평하지 말아야 합니다. 이것은 매우 중요한 사실입니다. 앉자마자 글이 바로 써진다면 세상 사람들은 모두 작가가 되었겠지요. 아이가 글을 제대로 쓰지 못하는 이유도 거기에 있습니다. 앉으면 바로 생각이 떠올라야 하고, 떠오른 생각을 바로 글로 쓸 수 있어야 한다는 그 생각이 오히려 글쓰기를 방해합니다.

저는 지금 정말 중요한 부분을 말하고 있습니다. 부모님이 자신을 바라보고 있고, 내면의 입에서는 "어서 글을 써, 쓰지 않고 뭐하는 거야?"라는 외침이 울려퍼지는 상황에서 아이가 평정심을 유지하기란 쉽지 않습니다. 그래서 어떤 일을 하든 충분한 시간이 필요하다는 사실을 알려주는 게 먼저입니다.

다음 글을 아이와 함께 필사하고 낭독하며 생각과 글을 기다리는 시간의 가치에 대해서 깊이 사색하는 시간을 가져보시기 바랍니다.

쓰고 싶은 내용은 떠오르지 않지만
우리가 앉아서 연필을 들고 있는 이유는

바로 글을 쓰기 위해서가 아닙니다.

언제라도 적을 준비를 하고 있어야

떠오르는 영감을 놓치지 않을 수 있기 때문입니다.

더 자주 기다리는 사람이

자주 글 쓸 기회를 만날 수 있습니다.

당장 쓰지 못한다고 실망하지 말고

영감이 떠오를 때까지 참고 기다리기로 해요.

영혼의 스승을 만나

그에게 무언가를 배울 때마다

나는 이런 생각에 잠깁니다.

그가 장대비라면

나는 가랑비이고,

그가 거센 태풍이라면

나는 연약한 바람입니다.

그의 곁에 서 있는 것만으로도

나는 살아가는 법을 배웁니다.

세찬 지성의 바람이 지나갈 때마다

흔들리며 중심을 잡으려고

지친 몸을 일으켜 세우지만,

언제나 희망은 절망으로 끝나죠.

그에게로 가는 길은 너무 멀어요.

무너진 나를 벼락처럼 지나가며

그는 내게 가랑비로 사는 법을 알려줍니다.

연약한 바람의 가치를 전해줍니다.

"먼저 너에게 주어진 길을 가라.

그 길의 끝에서 너는,

다른 시작을 만나게 되리라."

뭐든 쉽게 이루어지는 것은 없습니다.

값진 인생을 만들기 위해서는

무언가를 극복해야 하며,

극복할 무언가를 만들기 위해서는

두려움을 느낄 대상이 필요합니다.

일상에서 쉽게
창의력을 기르는 글을 쓰는 법

'창의력'에 대한 책과 강연은 참 많습니다. 그러나 그것을 통해서 실제로 원하는 창의력을 길렀다는 이야기는 들어본 적이 별로 없죠. 창의력, 참 갖기 힘든 지적 도구입니다. 하지만 글쓰기를 통해 쉽게 가질 수 있답니다. 어렵게 생각하지 말고 편안한 마음으로 읽어주세요.

창의력을 살리는 글을 쓰려면, 먼저 다음 세 가지를 기억할 필요가 있습니다. 명심해야 할 것은 글을 읽으며 반박을 하기보다는 "어떻게 하면 깊이 받아들여서 나만의 것으로 만들 수 있을까?"라는 태도로 접근하는 것이 좋다는 사실입니다.

1. 전체를 조망하라.

창의력은 결국 전혀 관계가 없어 보이는 이것과 저것을 하나로 연결하는 것이라고 볼 수 있습니다. 세부적인 것만 읽지 말고 전체를 읽어야 합니다. 작은 것에 얽매이지 않고 조금 더 넓고 깊은 세상을 바라보려고 해야 하죠.

2. 하나에 집착하지 말라.

단어 하나와 표현 하나에 집착하게 되면 진도가 나가지 않기 때문에 거기에서 자유로워져야 합니다. 자신만의 새로운 글을 쓴다고 생각해야 이전에 없던 새로운 형태의 글을 써낼 수 있고 그 과정에서 창의력은 자연스럽게 당신의 것이 됩니다.

3. 솔직한 자신을 보여주자.

"너, 이거 알아?"

간혹 사전을 찾아보며 글을 쓰는 사람이 있죠. 아무도 모르는 단어를 써서 자신의 지식을 돋보이게 하려는 욕망 때문입니다.

다 필요 없다는 사실을 기억하세요. 창의력을 기르려면 있어 보이는 어휘에 빠진 나약한 정신을 구출해야 합니다.

종합적으로 판단할 때 창의력이 깃든 글을 쓰려면, 기존의 질서에 얽매이지 않고 진도를 나가며, 문법에 맞게 글을 쓰려고 하기보다는 표현 그 자체에 집중하는 태도가 필요합니다. 물론 그렇다고 쉽게 아무렇게나 쓰면 곤란합니다.

위에 나열한 세 가지 조건을 이해했다면 이제는 다음에 제시하는 것들을 마음에 담아야 합니다.

~~~

1. 장소가 중요합니다. 자신이 생각하는 가장 편안한 장소에서 글을 쓰세요.

2. 글을 쓰는 게 아니라, 현재 자신에 대해서 친절하게 설명한다고 생각하세요.

3. 가장 선명하게 표현할 수 있는 현재 시제로 적는 것이 가장 정확하며 자연스럽습니다.

4. 지금부터 제가 묻는 질문에 하나씩 답해 주세요.

"지금 어디에 앉아 있니?"

"어떤 옷을 입고 있어?"

"글을 쓰는 기분이 어때?"

"주변에 누가 있니? 표정은 어때?"

"창밖으로 보이는 하늘 풍경이 어떠니?"

5. 위에서 답한 것을 그대로 쓰면 근사한 글이 완성됩니다.

6. 이번에는 조금 더 발전해서 미래를 그린다고 생각해 주세요.

7. 아까처럼 다시 제가 묻는 질문에 하나씩 답해주세요.

"글 쓰는 시간이 지나면 뭘 하고 싶니?"

"이따 식사 시간에 뭘 먹고 싶어?"

"내일은 어떤 옷을 입을 생각이야?"

"글을 다 쓴 후에 부모님께 어떤 말을 듣고 싶어?"

8. 이번에도 위에서 답한 것을 그대로 쓰면 아직 도착하지 않은 미래를 상상해서 쓴 멋진 글이 완성됩니다.

9. 이렇게 글을 쓸 때는 갑자기 창의력을 요청하지 말고 언제나 현재에서 시작해서 조금씩 미래로 나갈 수 있게 도와주세요. 방법만 알면 아이도 얼마든지 당장 좋은 생각과 창의력을 자기 안에서 꺼낼 수 있답니다.

~~~~

물론 조금 더 근사한 글을 완성하기 위해 마무리 단계가 필요하겠죠. 글쓰기에 끝은 없으니까요.

다음 세 가지 질문을 통해 자신이 쓴 글을 확인하고 수정하는 과정이 필요합니다.

〰〰

1. 나는 하고 싶은 말을 제대로 전했나?
2. 혹시 빠진 내용은 없는가?
3. 더 추가해야 할 부분은 없는가?

〰〰

앞서 말했듯 처음부터 작은 부분에 집착하면 글을 써낼수 없습니다. 논리나 문법보다는 의미를 제대로 전하는데 모든 신경을 집중해야 뛰어난 창의력을 발휘할 수 있기 때문이죠. 순서에 맞게 차근차근 질문하며 글을 쓰면 어렵지 않게 창의적인 내용의 글을 쓸 수 있게 될 겁니다.

느낌표와 마침표로 배우는 아무것도 하지 않는 시간의 가치

　누구나 인생을 살며 중간중간 어떤 목적을 마음에 품게 되고, 그것을 이루기 위해 다양한 수단을 활용합니다. 그러나 대부분의 경우 시간이 지나면 목적은 사라지고 수단만 남아서, 그 사람의 인생을 송두리째 뒤흔들지요.

　아이의 삶도 마찬가지입니다. 간단하게 예를 들면 이런 식입니다. 즐거움이라는 목적을 위해 시작한 게임이라는 수단을 통해, 결국에는 게임 그 자체에 중독이 되고 즐거움이라는 원래의 목적을 잊고 사는 것이죠.

　목적을 잃고 수단 그 자체에 빠진 상태를 저는 '중독'이라고 표현합니다. 그런 상태에 빠지게 되면 어떤 생산성이나 창의성도 기대하기 힘들어집니다. 안타깝게도 아이가 글을 쓰지 못하는 이유 중 하나도 바로 거기에 있습니다.

또한, 목적을 잃고 수단에 매몰된 삶을 살기 때문에 생각하고 글을 쓸 시간 자체를 내지 못합니다. 다방면에 대한 이해력을 기본으로 하는 문해력 역시 기대할 수 없는 상태가 되지요.

더 심각한 것은 게임과 스마트폰 사용 등에 너무 많은 시간을 소비하면 정작 자신의 성장을 위해 쓸 시간이 남아 있지 않게 된다는 사실입니다. 많은 가정에서 비슷한 걱정을 하고 있을 겁니다. 현재 모든 아이들은 게임과 스마트폰에 중독이 되었거나, 되고 있거나, 될 기미를 보이고 있죠.

그럴 때는 "아무것도 하지 않는 것에도 가치가 있다."라는 사실을 아는 게 우선입니다. 단순한 위로가 아닙니다. 무언가를 하는 시간도 중요하지만 반대로 아무것도 하지 않고 조용히 머무는 시간도 가치가 있다는 사실을 아는 게 중요하기 때문이죠.

생각과 글쓰기는 결국 멈춘 시간 동안 이루어지는 것입니다. 그래야 질문도 할 수 있게 됩니다. 멈추지 않으면 무언가를 발견할 수도 쓸 수도 없지요. 그 시간을 아끼고 사랑하게 해줘야 생각과 글쓰기에도 좋은 감정을 가질 수 있답니다. 그 가치를 글쓰기로 알려주는 게 가장 좋습니다. 그래야 더욱 극적인 효과를 기대할 수 있습니다.

방법은 간단합니다. 느낌표와 마침표의 가치를 제대로 전하면 됩니다. 제가 글을 쓰는 방식인데, 이 글을 아이와 함께 필사하고 낭독하며 그 느낌을 생생하게 체험해보시기를 바랍니다.

하루는 새벽녘 해가 뜨는 모습을 보며 경탄했습니다. 바로 느낌표를 찍어 그 순간에 대해서 쓴 글을 완성했지요.

그러나 다음날 해가 뜨는 모습을 다시 보며 느낌표를 지우고 문장 자체에 느낌표가 녹아들 수 있게 수정하며 마침표를 찍었습니다.

하지만 다시 세 번째 해를 바라보며 자연의 아름다움은 느낌표가 아니면 도저히 설명할 수 없다는 생각에 마침표를 지우고 다시 느낌표를 찍었답니다.

이 글을 통해 우리는 아이에게 두 가지 아주 중요한 지점을 보여줄 수 있습니다.

하나는 바로 '경탄'이라는 표현의 등장과 '자연'이라는 단어의 가치입니다. 단순히 놀랍다는 말과 다르게 경탄은 매우 고귀한 표현입니다. 경탄은 인간이 무언가를 보며 할 수 있는 가장 지적인 탄성이지요. 아이가 '경탄'이라는 표현을 자주 사용하게 하면 기품 있는 언어를 통해 일상의 시선과 태도까지 아름답게 바뀔 것입니다.

여기에서 자연을 함께 언급한 이유는 바로 자연에 우리가 경탄할 수 있는 일이 지금도 일어나고 있기 때문입니다. 자연을 자주 보여주고 자주 관찰하게 하면 아이는 저절로 인간이 지닐 수 있는 가장 기품 있는 탄성인 '경탄'을 소유하게 될 것입니다.

또 하나는 느낌표를 썼다가 지운 후에 마침표를 찍고, 다시 느낌표를 찍은 행위 그 자체의 가치입니다. 글은 쓰고 끝나는 것이 아니라 최선의 형태, 즉 내가 본 느낌에 가장 가까운 형태로 만들어질 때까지 수정하고 또 수정해야 하는 끝없는 작업입니다. 이 부분을 알려주는 게 매우 중요합니다. 방법은 시간에 있죠. 유심히 읽어보면 저는 무려 삼 일 동안 해가 뜨는 광경을 살펴봤습니다.

이처럼 무언가 하나에 대한 애정을 느끼며 경탄을 했다면, 최소한 며칠을 관찰하며 그것을 제대로 표현하려는 시도를 해야 합니다. 관찰이란 결국 집중력의 승부이고 "누가 더 오랫동안 눈을 돌리지 않고 지켜볼 수 있느냐?"가 더 좋은 결과를 낼 수 있는 기준이 되기 때문입니다.

이 두 가지 조언은 글을 쓸 때 매우 중요하니 위에 쓴 제 글을 아이가 자주 필사하고 낭독하게 해주며 자연스럽게 체득할 수 있게 하는 게 좋습니다.

아이의 지적 수준을 높이는 '하루 10분 관찰의 힘'

'30일 인문학 질문'을 좀 더 생산적으로 실천하려면 이전과 다른 관찰력이 필요합니다. 우리가 관찰을 하는 이유는 뭘까요? 맞아요, '무언가를 발견하기 위해서'입니다. 아이의 문해력을 높이기 위한 질문을 발견하려면 필연적으로 뛰어난 관찰력이 필요합니다.

본격적으로 관찰을 논하기에 앞서 발견에 대한 정의를 먼저 새롭게 해볼까요? 발견이란 장소를 옮겨 새로운 것을 보는 것을 말하는 것이 아니라, 새로운 눈을 갖고 바라보는 행위를 말합니다. 장소를 옮겨서 이루어지는 발견은 그저 '몸의 이동'일 뿐이고, 자신이 늘 살고 있는 익숙한 곳을 새로운 눈으로 낯설게 만들어 바라보는 것이 바로 진정한 발견인 셈이지요.

그럼 이제 본격적으로 아이의 지적 수준을 높이는 '하루 10분 관찰의 힘'에 대해서 설명하겠습니다.

1. 눈과 생각이 이동하는 속도를 낮추자.

'쫓기며 살아가는 곳'에서는 '발견이라는 기적'이 일어나지 않습니다. 쉴 틈이 없다면 무언가를 발견할 틈도 갖지 못하지요. 아이와 함께 속도를 조금 늦추기로 해요. 아침에 일어나 급하게 서둘러 일을 처리하지 않고, 의식적으로 주변을 차분하게 바라보며 하루를 시작하는 거죠. '해야 하는 일'에 정신을 빼앗기지 말고 '자신의 동작'에 집중해보는 겁니다.

침대와 의자, 선풍기와 연필을 하나하나 주의 깊게 바라보세요. 지금까지 주변에 있었지만 있는 줄도 몰랐던 것들을 하나하나 바라보며 존재하는 것들로 만들어주는 행위라고 보면 됩니다.

아이에게 "우리는 일을 처리하기 위해 태어난 것이 아니라, 주변을 바라보며 생각하기 위해 태어났다."라는 사실을 알려주세요. 아이를 '움직이는 기계'로 만들지 말고, "나는

'생각하는 지성'이다."라고 느낄 수 있게 해주는 겁니다. 그게 바로 발견하는 삶의 시작입니다.

봄도 자신을 본 사람에게만 안깁니다. 내가 원하는 것이 무엇이든 눈을 떠서 그것을 바라보며 안을 수 없다면, 나는 그것을 가질 수 없습니다. 아이의 눈과 생각이 소중한 것들을 발견할 수 있게 시간을 허락해주세요.

2. 하루 10분 그냥 앉아 있자.

글쓰기는 전혀 급하지 않습니다. 당장 쓰지 않아도 괜찮아요. 사실 쓰라고 해서 당장 쓸 수 있는 것도 아니고, 그게 오히려 부자연스러운 결과를 초래할 수도 있답니다.

써지지 않는다면 노트와 연필을 책상에 두고 의자에 앉아 마치 글을 쓰는 사람인 것처럼 매일 10분 정도 앉아 있는 것도 좋습니다. 그런 행위가 자연스러워지면 이제 노트와 연필을 들고 밖으로 나가서 공원 의자에 앉아 날아가는 새나 달려가는 강아지와 고양이를 마치 글을 쓰기 위해 관찰하듯 바라보며 10분 동안 지켜보는 겁니다.

물론 그 모든 과정이 당장 글의 재료를 주지는 않습니다. 하지만 글을 쓰는 사람의 행동과 모습을 흉내내며 관찰하고 생각하는 감각을 조금씩 키울 수 있게 되죠. 마치 운동을 시작하기 전에 가볍게 몸을 푸는 것처럼 말이죠. 이 단계는 '쓰는 감각'을 단련하여 글을 쓸 때 필요한 근육을 키우는 과정에 해당합니다.

3. 매일 하나씩 재료 모으기를 실천하자.

하루 10분 동안 가장 고요한 상태로 주변을 바라보며 섬세하게 관찰하고 쓰는 감각을 기르는 것은 그 자체에서 끝나지 않습니다. 중요한 재료를 얻는 귀한 시간이 됩니다. 글이 될 재료를 모을 수 있다는 거죠.

하루 10분 관찰을 마친 후에는 그냥 그 시간을 끝내지 마시고, 아이에게 꼭 이런 질문을 해보세요.

"10분 동안 가장 많이 생각한 대상이 뭐니?"

만약 아이가 "게임을 하고 싶다고 생각했어요."라는 다소 실망스러운 대답을 해도 절대 실망하지 마세요.

"왜 게임을 하고 싶다는 생각이 들었을까?", "대단하네, 게임하고 싶은 마음을 어떻게 10분이나 참을 수 있었니?"라는 식으로 질문해서 자기 의견을 정리할 수 있게 해주는 게 좋습니다.

하루 10분 관찰은 '가장 많이 했던 생각'과 '그걸 한 이유'를 정리하며 끝내야 아이의 지적 성장에 좋습니다. 뭔가 하나를 스스로 시작해서 스스로 끝냈다는 성취감을 가질 수 있

으니까요. 한번 성취감을 느낀 아이는 자신에게 준 그것을
계속 반복해서 하게 됩니다.

4. '나의 글 재료 노트'를 만들자.

그것이 끝이 아닙니다. 질문과 답변을 통해 하루 10분 관
찰을 끝냈다면 그 시간에 대한 자신의 생각을 기록하는 과정
을 거쳐야 합니다. 뭐든 생각한 것을 글로 쓰지 않으면 제대
로 생각한 거라고 보기 힘듭니다. 글이 되지 못한 생각은 쉽
게 사라지기 때문이죠. 그래서 모든 생각은 글로 마무리를
지어야 합니다.

어려운 일은 아닙니다. '나의 글 재료 노트'를 하나 만들
어서, 방금 아이가 답한 것을 그대로 글로 쓰게 하면 됩니다.
이를테면 이런 식으로 말이죠.

"나는 10분 동안 게임을 하고 싶다는 생각을 했습니다. 하
지만 관찰을 하는 시간이라서 게임을 하지 않고 생각만 했습
니다."

이렇게 솔직하게 생각한 것을 그대로 쓰면 됩니다. 작품
을 쓰거나 독서 감상문을 쓰는 게 아니니까요. 이렇게 생각
한 그대로를 쓰면 바로 아이만을 위한 살아있는 '글 재료 노
트'가 되는 것입니다. 이 노트는 훗날 정말 멋진 역할을 할

겁니다. 만약 나중에 자제력에 대한 글을 쓸 기회가 생기면 게임을 참았던 이날의 기록을 참고해서 쓰면 되니까요.

그렇게 매일 하나씩 일 년 동안 지속하면 무려 365개의 글 재료를 만들 수 있습니다. 이것은 어떤 사전과 책보다 더 대단한 가능성을 가진 재료입니다. 아무리 대단한 작가라고 해도 재료를 365개나 준비한 사람은 없을 겁니다.

이렇게 아이의 지적 수준을 높이는 하루 10분 관찰의 힘에 대해서 알아보았습니다.

"그런데 왜 이렇게 노트를 자꾸 만들라고 하는 거야?"

이런 의문을 품은 분들도 계시겠죠. 충분히 할 수 있는 생각입니다. 하지만 그 이유를 알게 되면, 의문은 스스로 자신을 지우게 될 겁니다. 중요한 건 이 다양한 방법과 과정이 단순히 쓰고 외우는 데 그치면 안 된다는 것입니다. 그래서 각 부분에서 적절한 역할을 해줄 노트가 필요한 거죠. 가치를 느끼고 이해하는 과정이 중요한 만큼, 순간을 기록한 노트를 통해 우리 아이의 글쓰기 실력은 더욱 늘어날 겁니다.

질문을 통해 왜 관찰을 해야 하고, 왜 자꾸만 발견을 해야 하는지, 아이가 스스로 느낄 수 있게 해주세요. 문해력이라는 언어의 꽃은 결국 그 마음에서 태어나는 거니까요.

상상한 것을 쓸 수 있다면 아이의 내면은 끝없이 확장됩니다

악기를 어깨에 맨 한 청년이 길을 걷고 있습니다. 이때 그가 여러분에게 다가와서 "혹시 예술의전당으로 가는 길을 아시나요?"라고 묻는다면, 그 청년에게 뭐라고 답할 생각인가요? 길을 잘 모른다고 할 건가요, 아니면 우회전과 좌회전을 나열하며 위치상의 길을 정확하게 알려줄 건가요?

아이에게도 한번 물어보세요. 그리고 아이가 충분히 답을 생각할 동안, 이런 생각도 한번 해보세요. 만약 이렇게 답할 수 있는 사람이 될 수 있다면 어떨까 생각하면서요.

"최선을 다해 오랫동안 열심히 연습하면 누구나 갈 수 있습니다."

이 글을 읽으며 "이게 뭐야?"라고 생각하며 비정상적인 대답이라고 말할 수도 있습니다. 하지만 "가슴이 뛰는 멋진 답변이다."라고 생각할 수도 있습니다. 판단은 개인의 몫이겠지요.

그렇습니다. 그는 '길을 묻는 청년'에게 '지도에 있는 길'을 알려준 것이 아니라 '악기를 어깨에 맨 청년에게' 예술가라면 누구나 꿈에 담고 있는 '예술의전당에서 공연할 수 있는 인생의 길'을 알려준 것입니다.

웃고 넘길 이야기라고 치부할 수도 있지만 만약 아이가 이렇게 같은 사건을 접하고 같은 지식을 접하며 전혀 다른 지점으로 연결해서 풀이할 수 있다면 이야기는 달라집니다. 길을 묻는 청년을 보면 지도에 있는 길을, 악기를 맨 청년을 보면 인생의 길을 알려주게 되지요.

바로 이 부분이 이 내용의 핵심입니다. 글쓰기는 '다양한 시선으로 사물을 바라보는 법'과 '자신만의 차별점'을 만들어주고, '짐작할 수 없는 상상력'을 길러주며, 동시에 그것들을 '하나로 절묘하게 연결하는 능력'을 선물로 줍니다. 삶에 필요한 정말 특별한 능력을 단숨에 안겨주죠.

그 놀라운 힘은 대체 어디에 있을까요? 바로 '출발선이 없다.'는 데에 있습니다. 예를 들어, 운동장에 100명의 아이들이 각자 다른 것을 하면서 놀고 있다고 생각해보겠습니다. 이때 우리는 글쓰기를 통해 100명 중 한 아이에 대해서 글을 쓸 수 있습니다. 쓰는 동시에 차별화가 되는 거죠. 모두가 바라보고 있는 풍경에서 단 하나만 포착해서 쓰는 거니까요.

그리고 차별화는 거기에서 그치지 않습니다. 아이는 멈춰 있는 무생물이 아니니까요. 우리는 아이가 최선을 다해서 뛰어가는 장면이나, 넘어져서 엉덩방아를 찧고 우는 장면을 포착해서 글로 쓸 수 있습니다. 표현할 수 있는 장면이 다양해지면서 그것을 바라보는 시선을 전혀 예측할 수 없게 되지요. 이것이 바로 출발선이 없는 글쓰기의 매력입니다.

또 다른 예를 들어보죠. 고속도로에 들어가면 어느 정도 목적지를 짐작할 수 있지만, 사방이 뚫린 도로에 진입하면 모든 방향이 길이기 때문에 어디로 나갈지 아무도 짐작할 수 없습니다. 오직 글을 쓰는 자신만 알 수 있지요. 어떤가요. 정말 멋진 일이죠. 언제 어디서든 우리는 자신이 보고 느낀 것을 글로 쓸 수 있습니다.

다음 부분은 워낙 중요하기 때문에 아이가 필사할 수 있게 해주시면 더욱 좋습니다.

아무 때나 멈춰서 글을 쓰면 됩니다. 여러분이 본 그 지점이 바로 여러분만을 위해 준비된 출발선이니까요. 규칙이 없으니 두려움을 가질 필요도 없습니다. 마음대로 시작해서 끝내고 싶을 때 마침표를 찍으면 됩니다.

이 글을 통해 아이는 언제든 질문을 품고 있으면 순간순간 멈춰서 자신이 본 장면을 글로 쓸 수 있다는 사실을 알게 될 것입니다. 삶의 모든 순간이 글의 일부라는 사실을 깨닫게 되면서 아이는 질문의 가치를 알게 되죠.

질문의 가치를 알게 된 아이는 살아가면서 자신의 눈에 보이는 풍경을 모두 글로 표현하는 삶을 살게 될 겁니다. 부모가 해야 할 일은 아이가 자신만의 시각으로 세상을 바라보며 상상할 수 있도록 그저 지켜보며 경탄하는 것 하나뿐입니다.

질문에 가치와 깊이를 더하는 '나 질문법'

　과거 특유의 고음과 탁월한 음악적 감각을 무기로 최고의 인기를 누렸던 한 가수가 방송에 나왔습니다. 안타깝게도 현재의 그가 내는 소리는 과거의 그것과 매우 달랐죠. 하지만 성대결절로 소리가 제대로 나오지 않음에도 그는 자신의 히트곡을 처음부터 끝까지 열창했습니다. 그 모습을 지켜보던 선후배 가수들은 모두 울거나 고개를 들지 못했습니다. 이유가 뭘까요?

　지금 아이와 함께 각자 그 이유를 생각해보는 시간을 가져보세요. 질문의 가치와 효과에 대해 알 수 있는 중요한 과정이니까요.

이유는 간단합니다. 과거처럼 맑고 투명한 소리를 내지 못하는 그의 현재가 안타까워서이기도 하겠지만, 그 마음의 중심에 이런 두려움이 있을 수도 있습니다.

"나도 나중에 저렇게 되면 어쩌지?"

"지금 갖고 있는 이 소리를 잃게 되면 어쩌지?"

"나도 나중에 저렇게 되면 어쩌지?"

상대의 고통과 슬픔을 지켜보며 자신의 내일을 걱정하며 슬퍼하는 것은 나쁘거나 이기적인 상상이 아닙니다. 막상 그런 상황이 닥치면 누구나 그렇게 생각하게 되며, 이것은 매우 자연스러운 공감의 과정이기 때문입니다.

여기에서 우리는 효과적인 질문을 위해 반드시 필요한 '공감'에 대한 매우 의미 있는 방법을 하나 발견할 수 있습니다. 먼저 하나 묻습니다.

"우리는 어떤 방법으로 타인의 고통과 슬픔에 공감하는 걸까요?"

시작은 그 마음을 알기 때문이고, 그 마음을 아는 것은 같은 고민을 치열하게 해봤기 때문입니다. 알기 때문에 슬픈 것이고, 슬퍼서 공감할 수 있는 것이죠.

만약 아이와 함께 같은 방송을 시청하고 있었다면, "저

가수는 왜 선배 가수의 노래를 들으며 눈물을 흘리는 걸까?"라는 질문을 던져서 생각해볼 시간을 주는 것도 좋습니다. 그럼 자연스럽게 타인의 마음에 접속해서 더 깊고 가치 있는 질문을 던지는 방법을 깨우치게 될 테니까요. 어려운 것이 아니니 아이와 나누는 모든 일상에서 적절히 응용해서 적용해보시길 바랍니다.

글쓰기에서 공감은 매우 중요한 역할을 합니다. 우리는 공감의 대상을 중심에 둘 때, 더욱 선명하게 질문할 수 있습니다. 이미 잘 알지만 자주 실수하는 이유는 접근법에 오류가 있어서입니다.

"저 사람은 얼마나 힘들까?"라는 질문은 공감하는 데 전혀 도움이 되지 않습니다. 그 사람의 고통과 슬픔에 공감하려면 주어를 나로 바꿔서 질문해야 합니다. 바로 이렇게요.

"'내가' 저런 상황에 빠지면 얼마나 힘들까?"

"'나라면' 저 상황을 견딜 수 있을까?"

"'나는' 어떻게 생각하고 행동해야 하는 걸까?"

'나 질문법'은 아마 매우 생소한 표현일 겁니다. 지난 수천 년간 시대를 호령했던 지성의 대가들은 바로 지금 제안하는 '나 질문법'의 대가이기도 했습니다. 많은 사람이 존경하고 사랑하는 글을 남길 수 있었던 비결이 바로 거기에 있었던 거죠.

'나 질문법'이 일상에서 습관이 될 수 있게 아이와 함께 연습해보는 시간을 가져볼까요. 방법부터 다시 한번 정리해보겠습니다.

~~~~

1. 타인이 느끼는 온갖 감정을 완벽에 가깝게 이해하고 받아들이고 싶다면 '나 질문법'을 활용해야 합니다.

2. 방법은 간단합니다. 먼저 주어를 자신으로 바꿔 생각하고, 거기에 맞게 질문하는 것입니다.

3. 저 사람이 아닌, 내가 도전에 실패하고 내가 게임에서 졌다고 생각하고 질문하는 것입니다.

4. 그래야 더 많은 사람의 공감을 이끌어낼 마음의 언어를 창조해서 글로 쓸 수 있답니다.

~~~~

예를 들어서 설명해볼게요. 아이에게 지금까지 했던 질문 방식을 바꿔서 '나 질문법'을 활용한다고 생각하시면 됩니다.

1. 방송에 나오는 저 사람은 몸이 아파서 잘 먹지 못하니 얼마나 힘들까?

⇒ '내가' 몸이 아파서 먹고 싶은 피자와 라면을 먹지 못하고 죽만 먹어야 한다면 기분이 어떨까?

2. 공부는 열심히 했는데 결과가 안 좋으니 힘들겠지?

⇒ '내가' 만약 밤을 새워 공부했는데 실수로 답을 틀렸다면 마음이 얼마나 힘들까?

이번에는 이 질문에 아이가 스스로 답할 수 있게 해주세요.

1. 저렇게 추운 겨울에 집도 없이 산다면 얼마나 불편할까?

⇒ ∼∼∼∼∼∼∼∼∼∼∼∼∼∼∼∼∼∼∼

2. 사람들이 많은 장소에서 저렇게 시끄럽게 전화 통화를 하면 주변 사람들이 얼마나 시끄러울까?

⇒ ∼∼∼∼∼∼∼∼∼∼∼∼∼∼∼∼∼∼∼

어떤가요? 타인의 고통만 보며 질문할 때와 주어를 자신으로 바꿔서 질문할 때 느낌이 어떻게 다른가요? 그리고 어떤 변화가 생겼나요?

그렇습니다. 질문의 방향이 더욱 분명해졌으며 자연스럽게 표현까지 선명해졌죠. 완전한 감정이입이 가능해졌기 때문입니다. 이렇게 타인을 향한 질문에 아이 본인을 주어로 넣어서 문장을 다시 구성해보며 결과물을 비교해보면 차이를 더욱 선명하게 확인할 수 있습니다.

여기에서 이런 사실 하나를 꼭 전하고 싶습니다. 세상은 언제나 이렇게 외치죠.

"문해력을 기르려면 어휘력이 풍부해야 한다. 그러니까 단어를 많이 알아야 한다."

반은 맞고 반은 틀렸습니다. 우리는 굳이 그렇게 많은 단어를 알고 있을 필요가 없습니다. 다 쓸 수도 없는 단어를 굳이 외워서 머리에 담고 있을 필요는 없겠지요. 그것은 아까운 시간과 머리의 저장 공간을 낭비하는 행위입니다.

꼭 필요한 것을 담는 것이 더 지혜로운 선택일 겁니다. 이렇게 질문에 가치와 깊이를 더해서 상황을 선명하게 볼 수 있다면 굳이 많은 단어와 표현이 필요하지 않습니다.

이미 알고 있는 단어와 표현을 적절하게 활용할 수 있다면 우리는 언제든 근사한 글을 쓸 수 있습니다. 바로 모든 것을 선명하게 보여주는 '나 질문법'을 통해서 말이죠.

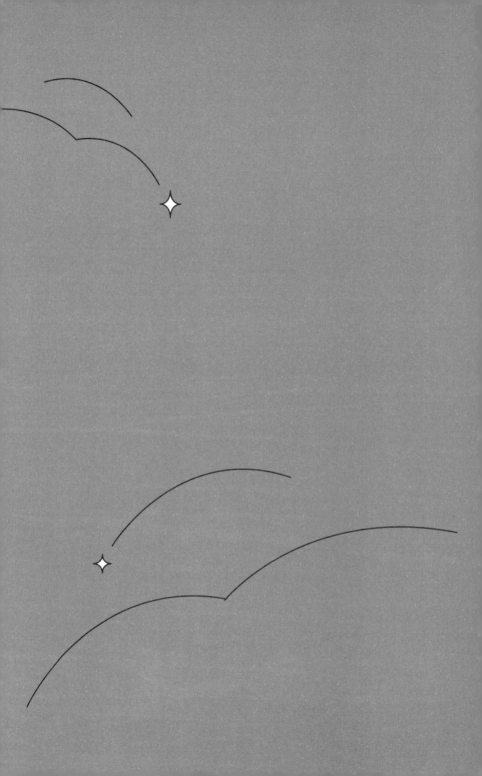

4장

인문학 글쓰기를 완성하는
'30단어의 비밀'

글쓰기로 자기 삶을 구원한 대문호가 전하는 30단어의 비밀

여기 글쓰기를 통해 자신의 삶을 스스로 구원한 한 사람을 소개합니다. 실제로 그는 자신의 과거를 돌아보며 이런 고백을 했습니다.

〰〰

나의 대중을 경시하고 멸시하는 태도는 일생 동안 줄곧 나를 따라다녔다. 세월이 한참 흘러서야 겨우 글쓰기를 통해 얻은 식견과 교양으로 극복할 수 있었다.

〰〰

스스로 자신의 과거가 수준 이하였지만 글쓰기를 통해 교양을 갖출 수 있었다고 고백하고 있지요. 과연 이 말을 한 주인공은 누구일까요? 바로 『젊은 베르테르의 슬픔』, 『파우스트』의 저자 대문호 괴테입니다.

그의 말처럼 유년기 시절의 그는 매우 냉혹했으며 잔인한 성향의 아이였습니다. 하나의 일화를 소개합니다.

괴테가 여덟 살 무렵, 수업 시간에 선생님이 조금 늦게 오신 날이 있었습니다. 당시에 아이들은 선생님이 교실에 계시지 않는 틈을 타 교실 밖으로 우르르 나갔죠. 그런데 공교롭게도 그와 사이가 좋았던 친구들은 다 나가고 사이가 안 좋았던 세 명의 소년만 남게 되었습니다. 평소 안 좋은 감정을 가지고 있던 세 소년은 그에게 달려들어 전력을 다해 그의 다리와 몸통을 치기 시작했죠.

그러자 어린 괴테도 평소에 생각했던 행동을 개시했습니다. 세 소년의 입에서 무시무시한 괴성이 나올 때까지 마구 때렸고, 주변에 구경하는 사람이 몰려왔지만 멈추지 않고 일방적인 폭력을 지속했던 거죠. 그렇게 모두 때려 눕힌 후 그는 이렇게 무시무시한 말을 외쳤습니다.

"앞으로 조금이라도 나를 모욕하는 일이 있으면, 어떤 녀석이든 차마 죽일 수는 없지만 적어도 눈알을 뽑고 귀를

찢어주겠다."

어떤가요? 그가 스스로 말한 것처럼 어릴 때 그는 주변 사람들을 무시하며 경멸하는 성향을 지니고 있었습니다. 그리고 그는 결심했죠.

"글쓰기를 통해 문해력을 높이고, 나 자신에게 스스로 영혼의 귀족이라는 선물을 주겠다."

참 근사한 생각이죠.

그렇게 어린 괴테는 글쓰기를 통해 자신의 부정적인 모습을 지우고 그 자리에 교양과 기품을 쌓았습니다. 어린 괴테처럼 자신의 가치를 내면에서 꺼내 보여주는 삶을 살고 싶다면 반드시 인문학 글쓰기를 실천해야 합니다. 어떤 세상에서 어떤 방식으로 살아가는 사람이든 앞으로의 세상을 제대로 살기 위해서는 이 책에서 말하는 글쓰기 능력이 반드시 필요하기 때문입니다.

다시 강조하지만 시간이 흘러도 변하지 않는 글쓰기 불변의 원칙과 가치를 단 30일 동안 배울 수 있게 가장 쉬운 언어로 여러분께 전파하려고 합니다.

책이 이끄는 대로 멈추지 않고 30일만 정진할 수 있다면, 어떤 아이든 이전의 삶과는 전혀 다른 내일을 맞이하게 될 것입니다. 이제 우리에게 남은 것은 글쓰기가 아이에게 얼마나 귀한 가치를 주는지, 그 생생한 순간을 지켜보며 경탄하는 것뿐입니다.

참, 희망을 하나 더 전합니다. '30개의 단어'는 무엇을 의미하는 걸까요?

앞서 말했듯 저는 지금까지 60권에 가까운 책을 썼습니다. 그러나 권수보다 중요한 것이 있으니, 바로 분야의 다양성과 전문성입니다. 무언가 배운 것에 대한 것을 글로 쓰는 행위는 상대적으로 쉬운 일입니다.

쉽다는 것은 무엇을 의미할까요? 누구나 할 수 있다는 것을 말하며, 결정적으로 그 글이 타인과 나를 구분할 수 있게 해주지 못한다는 사실을 의미합니다.

배운 것이 아닌 본 것을 쓸 수 있는 사람은 전혀 다른 경로의 삶을 살게 됩니다. 배우지 않아도 저절로 알게 되며, 자신만 보고 느낀 것을 쓰면 바로 그 순간 '나만이 쓸 수 있는 글'을 통해 수많은 타인과의 경쟁 속에서 결별하며 자신만의 길을 선택할 수 있게 되지요.

우리는 배울수록 외로워지고, 그것을 쓰고 말하며 더욱 극심한 경쟁 속에서 방황합니다. 그리고 결국 살아남기 위해 죽을 때까지 이유도 모른 채 누군가 배우라고 던져준 것을 암기하는 삶을 지속하죠.

아이가 본 것을 쓸 수 있다면 이야기는 완전히 달라집니다. 그리고 그 중심에 바로 제가 앞으로 소개할 30단어가 있습니다. 막연하게 그냥 본다고 다 보이는 것은 아니니까요. 보는 삶의 기본이 될 30단어에 대한 충분한 이해가 없이는 불가능한 일이기 때문입니다.

자기만의 세계를 창조하는 30단어의 가치

자기만의 세계를 창조하려면 어떤 방식으로 글을 써야 하는 걸까요? 이해를 돕기 위해서 여러분에게 실제로 글쓰기를 통해 자신의 세계를 창조했던 세 명의 지성인을 소개합니다. 동양을 대표하는 지성 공자, 서양을 대표하는 지성 소크라테스, 그리고 앞서 소개한 대문호 괴테입니다. 세 사람은 각자 살았던 시대와 공간이 모두 다르지만, 꽤 흥미로운 공통점이 하나 있습니다. 자, 질문입니다.

"공자와 소크라테스가 남긴 수많은 책과 괴테의 이야기가 담긴 『괴테와의 대화』라는 책의 공통점은 무엇일까요?"

중요한 질문이니 깊이 생각해보세요. 참고로 지금까지 수만 명에게 물었지만 한 사람도 제가 생각하는 답을 내놓은 경우는 없었습니다.

답은 '직접 쓴 책이 아니다.'입니다. 세기를 뛰어넘는 위대한 고전들이지만 막상 생각해보니 놀랍게도 위에 언급한 책 중 그들이 실제로 쓴 책은 없습니다.

『논어』를 예로 들어서 이야기를 시작해보죠.『논어』는 정말 어릴 때부터 지겹게 읽었던 책입니다.『어린이를 위한 논어』『청소년을 위한 논어』『직장인을 위한 논어』『마흔을 위한 논어』『리더를 위한 논어』 등 평생에 걸쳐『논어』는 우리 곁에 머물러 있습니다. 이유가 뭘까요? 제대로 읽은 적이 없으니 평생 계속 읽게 되는 겁니다. 그럼 자연스럽게 이런 질문이 이어지게 되죠.

"우리가 논어를 제대로 읽지 못하는 이유가 뭘까?"

간단합니다. 읽을 수준이 되지 못하기 때문입니다. 이제 질문을 이렇게 연결해보죠.

"그럼 공자와 소크라테스, 괴테에 관한 책을 쓴 제자들과 후세의 작가들은 어떻게 그들의 글을 쓸 수 있게 되었을까?"

그들이 남긴 말에 대한 가치를 읽고 해석할 수 있었기

때문입니다. 쉽게 예를 들면, 『괴테와의 대화』를 쓴 괴테의 제자 애커만은 괴테에 관한 책을 쓰기 위해서 그를 만나기 전에 자신만의 방법으로 10년을 준비했고, 또 그를 실제로 10년 동안 1,000번 만나고 나서야 비로소 한 권의 책을 완성할 수 있었다고 합니다. 책 한 권을 쓰는 데 무려 20년이나 걸린 셈이죠.

대체 이유가 뭘까요? 괴테가 남긴 이야기를 단순히 기록하는 기계의 삶이 아닌, 분별해서 기준과 원칙을 세워서 적는 인간의 모습이 되기 위해 20년이 필요했던 것입니다.

그게 바로 인문학 글쓰기의 가치이자 30단어에 대한 필요성입니다. 한 사람이 남긴 글과 말 그리고 모든 이미지까지, 그것을 해석해서 다시 자기만의 텍스트로 변환해서 써낼 능력이 없다면 아무리 『논어』를 읽어도 삶에 어떤 변화도 기대할 수 없습니다. 그 모든 사실을 한 줄로 압축하면 이렇습니다.

〰〰

글쓰기를 통해 자기만의 세계를 구축하라.

〰〰

공자의 가르침을 엮은 『논어』는 "학이시습지 불역열호(學而時習之 不亦說乎)"로 시작합니다. 이를 풀이하면 "배우고 때때로 익히면 또한 즐겁지 아니한가?"입니다. 정말 수없이 반복해서 읽고 들었던 문장이죠.

그러나 이 문장이 그것을 접한 사람의 삶을 변화시킨 경우는 많지 않습니다. 문장을 접한 사람이 배움에 대한 정의와 실천, 그리고 즐거움에 대한 기준을 정하지 못한 상태이기 때문입니다. 주요 단어에 대한 정의가 부족한 상태에서 정의를 실천한 경험도 없으니 눈으로 아무리 읽어도 가슴이 반응할 수 없는 겁니다.

이에 글쓰기를 통해 자신만의 세계를 구축할 수 있게 돕는 30개의 단어를 매우 까다로운 기준으로 선정했습니다. 그리고 30일 동안 30단어를 연습할 수 있게 워크북으로 만들었습니다. 앞으로 소개할 내용을 차근차근 읽어가며, 워크북에서 제시한 30단어로 아이만의 세계를 구축할 수 있기를 바랍니다.

주어, 동사, 목적어가 분명한 문장이 아이의 쓰기 능력을 기릅니다

겉으로는 충분히 글을 잘 쓸 능력이 있는 아이로 보이지만, 선뜻 글을 쓰지 못하는 가장 큰 이유는 뭘까요? 결과는 저마다 달라 복잡하지만, 이유는 하나로 간단합니다. 학교나 가정에서 쓰라는 주제로만 글을 써왔기 때문입니다. 실제로 많은 아이들이 글쓰기에 가장 필요한 '자기 자신'에 대해서는 쓰기에 무지할 정도로 낮은 이해도를 보이고 있습니다.

"나는 무엇을 할 때 가장 행복하게 웃는가?"

"요즘 내가 가장 걱정하는 것은 무엇인가?"

"잘하고 싶은데 생각처럼 되지 않는 것이 무엇인가?"

안타깝게도 이렇게 정작 가장 중요한 주제에 대해서는 글로 써본 적이 별로 없습니다. 누구도 그 주제로 써보라고 권유한 적이 없기 때문입니다.

참 슬픈 일입니다. 다른 나라에 살았던 잘 모르는 사람과 경험도 못한 역사적 사건에 대해서는 지겨울 정도로 많이 써봤지만, 모든 글쓰기의 기본이 되는 자신에 대한 글은 생각조차 해본 적이 없는 거니까요.

누군가 쓰라고 시킨 글이 아닌 이상, 스스로 주제를 정해서 글을 쓰지 못하는 가장 큰 이유가 바로 거기에 있습니다. 자신에 대한 이해도가 낮으니 무엇 하나 주체적으로 결정하고 주장하지 못하는 것이지요.

당연히 하나의 주제를 다른 주제로 변주도 할 수 없고, 문해력도 기대하기 어렵습니다. 아이를 이런 고통의 틀에서 벗어나게 하고 싶다면, 아이가 자신의 감정과 욕망 그리고 내면에 대한 글을 쓸 수 있게 부모님이 도와주셔야 합니다.

가장 먼저 시작해야 하는 것은 아이 스스로 내면에서 어떤 일이 일어나는지 파악하는 과정입니다. 자신의 소리가 어떤지 알아야, 비로소 타인의 소리가 나와 무엇이 어떻게 다른지 알 수 있습니다. 자신을 알아야 기준을 정할 수 있지요. 공식을 모르면 응용도 할 수 없는 것과 같은 이치입니다.

어렵게 생각하지 말고 편안한 마음으로 함께 접근해보시기 바랍니다. 먼저 이 글을 아이와 함께 필사해볼까요.

'나'라는 기준에 대한 선명한 이해 없이는 무엇을 봐도 대상을 측정하거나 짐작할 수 없습니다. 내가 없는데 어떻게 세상이 존재하겠어요.

이 문장에 담긴 메시지를 아이가 제대로 활용하기 위해서는 아이가 저마다 자신이라는 기준에 대해 깊이 이해할 수 있도록 해주어야 합니다. 무엇보다 최소한 다음 다섯 가지 사항에 대해서는 생각할 필요도 없이 답이 나올 수 있어야 합니다.

매주 아이가 스스로 자신에게 질문할 수 있게 해주세요. 다섯 개의 문장 모두 '나'라는 주어로 시작해야 한다는 사실도 기억해 주시고요.

1. 나는 무엇을 할 때 가장 행복한가?

2. 나를 슬프게 하는 것은 무엇인가?

3. 나는 요즘 어떤 고민을 하고 있나?

4. 나는 앞으로 어떻게 살고 싶은가?

5. 나는 어떤 감정을 가장 싫어하는가?

〰〰

질문과 답을 할 때 이것을 꼭 기억해주세요. 주어와 동사 그리고 목적어가 분명한 문장을 써야 주체적으로 살아갈 수 있습니다. 또 선명한 목표가 있는 오늘을 살 수 있고, 내일이라는 꿈과 희망을 가질 수 있습니다.

우리 아이들에게 가장 취약한 것이 바로 목적어입니다. 아이들의 이야기를 자세히 들어보면 거의 목적어가 없는 문장을 사용한다는 것을 알 수 있습니다.

앞서 소개한 '문해력 천재' 비트겐슈타인은 무엇을 시작하든 반드시 목적이 뭔지 가장 먼저 물었습니다. 철학 역시 마찬가지로 많은 사람이 "철학, 그거 좋은 거지."라고 생각하며 지나갈 때, 그는 그 목적을 이렇게 물었죠.

"철학의 목적은 무엇인가?"

그리고 그는 이런 답을 얻었습니다.

"병에 갇힌 파리에게 병을 빠져나오는 법을 가르쳐주는 것이 철학이 할 일이다."

이게 과연 무슨 말일까요? 그렇습니다. 그는 사람을 파리에 비유해서 표현했습니다. 고통과 슬픔에 빠져 있는 사람들에게 직접적인 도움을 줄 수 있어야 비로소 그것을 철학이라고 말할 수 있다는 것입니다. 듣기에만 좋고 허황된 이야기는 쓸모가 없다는 말이죠.

이것이 중요한 이유는 비트겐슈타인이 스스로 철학을 정의하며 자신이 살아갈 나날 동안 사람들에게 쓸모가 있는 철학을 제공하기 위해 분투했기 때문입니다. 스스로 그 단어의 목적을 알고 사용한다는 것은 그래서 매우 중요합니다.

뛰어가는 방향과 이유를 알고 뛰는 사람과 무작정 주변에서 뛰라고 해서 달리는 사람이 만나는 미래는 서로 다를 수밖에 없습니다.

글의 진도가 나가지 않을 때는 동사를 생각하세요

"대체 왜 진도가 나가지 않는 거야!"

"아무리 앉아 있어도 글이 써지지 않아요."

아무리 봐도 도저히 진도가 나가지 않는 글이 있죠. 저도 마찬가지입니다. 시간만 하릴없이 지나고 마음만 급해지죠. 위험한 순간입니다. 왜냐하면 그런 지루한 순간을 아이는 오래 견디지 못하기 때문이죠.

이때 아이는 쉽게 포기하고 "나는 역시 글쓰기에 재능이 없어."라는 말로 아예 쓰지 않는 사람이 될 가능성도 배제

할 수 없습니다. 물론 저에게는 거기에서 벗어날 좋은 방법이 하나 있습니다. 아이와 함께 아래에 쓴 세 줄의 글을 읽어보시겠어요.

〰〰

글을 써야 작가가 될 수 있고,
그림을 그려야 화가가 될 수 있으며,
공부를 해야 지성인이 될 수 있습니다.

〰〰

여러분의 눈에는 위의 세 줄의 글에서, 반복적으로 나타나는 공통점이 보이나요? 아이에게도 한번 물어봐주세요.

"뭐가 반복해서 나타나는 것 같니?"

어른에게 보이지 않는 부분이 아이 눈에는 선명하게 보일 수도 있으니까요. 네, 맞아요. 우리는 누구나 무언가를 '해야' 하나의 이름을 가질 수 있습니다.

다시 쉽게 설명하면, '동사'를 실천해야 '명사'를 얻을 수 있지요. 매우 중요한 깨달음입니다. 글을 쓰는 일상과 그림을 그리는 일상, 또 공부하는 삶을 살아야 '작가'와 '화가', '지성인'이라는 이름을 얻을 수 있습니다.

특히 글을 쓰려는 사람은 꼭 기억해야 할 부분이죠. 아무리 하찮은 행동과 일상이라도 동사는 반드시 자신을 근사한 명사로 바꿔놓습니다. 막히지 않고 시원하게 글을 쓰고 싶다면, 모든 명사는 치열한 시간을 보낸 동사의 나날이 있었다는 사실을 기억해야 합니다. 좀 더 분명하게 말하면, 무언가에 도달한 상태가 아니라, 거기까지 가기 위해 반복하며 실천했던 것이 무엇인지 볼 수 있어야 합니다.

예를 들어 설명해보겠습니다. '공부'와 '독서' 혹은 '인성'과 '취미' 등 보통 글의 주제는 명사가 많습니다. 하지만 그렇게 생각하면 글의 소재와 글감이 잘 떠오르지 않죠.

"공부를 주제로 글을 쓰자."

"이번 주제는 독서입니다. 자, 쓰기 시작합시다."

이런 이야기를 들으면 어떤가요? 순식간에 눈앞이 캄캄해지죠. 그럴 때는 그 과정을 보여줄 동사를 분석해야 합니다. 이런 방식의 동사를 가미한 질문이 좋죠.

"공부는 왜 해야 하는가?"

"일 년 동안 독서를 하면 어떤 일이 벌어지나?"

"좋은 취미는 인생을 어떻게 바꾸는가?"

이렇게 명사로 된 글의 주제를 동사를 더해 질문 형식으로 바꾸면 쓸 수 있는 범위가 분명해지고 글감이 스스로 나타나게 됩니다.

글의 진도가 잘 나가지 않을 때는 명사에서 벗어나 동사에 적절한 질문을 더해 생각해보세요. 이것은 연습이 따로 필요할 만큼 어려운 일은 아니지만, 아이에게는 익숙한 형태가 아닐 수도 있습니다. 그러니 제가 지난 30년의 사색과 글쓰기의 경험을 통해 특별히 엄선한, 인문학 글쓰기를 완성하는 30개의 단어를 활용하며 연습하는 시간을 갖는 게 좋습니다. 앞으로 세상을 살아가는데 꼭 필요한 키워드로 구성했으니, 아이가 30개의 단어를 모두 사랑할 수 있게 도와주세요. 이것도 아이를 위한 워크북으로 준비했습니다.

이제 30개의 단어를 공개합니다. 하나하나 섬세하게 읽으시면서 함께 동사 형태의 질문으로 구성해보는 시간을 가져보겠습니다.

〰〰

꽃, 사랑, 역사, 생명, 행복, 투자, 공부, 자존감, 도전, 예술
도덕, 습관, 태도, 지식, 꿈, SNS, 종교, 과학, 자연, 외국어
기품, 문학, 운동, 감정, 게임, 경쟁, 철학, 독서, 창조, 교육

〰〰

워크북에서 자세하게 다룰 예정이지만, 부모님이 아이보다 먼저 워크북을 활용해보시는 것을 추천드립니다. 지금 제시한 30단어를 활용한 실습은 다양한 방법이 서로 유기적으로 연결될 수 있어 부모와 아이 모두의 글쓰기 실력을 키우는 데 더욱 긍정적인 효과를 가져다줄 겁니다.

스스로 정의한 명사가
글의 내용을 더욱 풍부하게 해줍니다

　앞서 언급한 30개의 단어를 통해 글을 쓰는 과정을 우리는 이렇게 바꿔서 설명할 수 있습니다.

　'명사를 다시 정의하는 과정.'

　그럼 그게 왜 중요한지 살펴보죠.

　우리는 누구나 글쓰기에 꼭 필요한 다음 두 가지를 가지고 있습니다. 하나는 바로 '경험'이며, 나머지 하나는 그 경험에 대한 '자신만의 느낌'입니다. 글쓰기는 결국 자신의 경험과 그 경험을 떠올릴 때 나타나는 자신만의 느낌을 적는 일입니다. 그렇게 생각하면 조금은 수월하게 자신의 이

야기를 쓸 수 있지요. 저는 그 과정을 '나만의 명사 만들기'
라고 부릅니다.

자, 그럼 4단계로 구성된 나만의 명사 만들기의 구체적
인 방법을 알아볼까요.

1. 30단어 중 하나 선택하기

먼저 앞서 제가 언급한 30가지 명사 중 하나를 선택해주
세요. 중요한 것은 부모가 아닌 아이가 직접 골라야 의미가
있다는 사실입니다. 그래야 그 명사를 생각할 때 떠오르는
자기만의 느낌을 적을 수 있으니까요.

다른 사람이 추천하거나 세상이 중요하다고 말하는 것은
아예 신경도 쓸 필요가 없습니다. 아이만의 경험을 명사에
녹이기 위해서는 반드시 아이가 선택한 명사가 필요합니다.

2. 떠오르는 느낌 쓰기

보기에는 없지만 만약 아이가 '고양이'라는 명사를 골랐다
면 그 단어를 노트에 적고, 이제는 그 밑에 고양이를 생각하
면 떠오르는 느낌을 마음이 가는 대로 쓰게 하면 됩니다.

"언제나 나를 보며 웃는다."

"한 자리에서 오랫동안 떠나지 않는 동물"

"집에 데려와서 키우고 싶다."

무엇에도 얽매이지 않고 뭐든 자유롭게 적으면 됩니다.

3. 아이의 생각을 통제하지 않기

이 부분에서 중요한 사항이 하나 있습니다. "고양이가 웃는다고 너무 가까이 다가가면 안 되는 거야. 언제 공격할지 모르니까."라는 식으로 아이의 생각을 억누르고 통제하는 의견을 제시하는 행동을 삼가해야 한다는 것입니다.

기억하세요. 글을 쓰며 생각에 잠겨 있는 이 공간은 누구도 침범할 수 없는 아이만의 영역이라는 사실을 말이죠.

4. 범주 만들기

이번에는 작은 범주를 만드는 연습을 해보죠. 고양이로 예를 들면 "고양이처럼 너를 보며 웃는 게 또 뭐가 있니?"라고 질문하는 겁니다. 그럼 이번에도 '엄마', '꽃', '스마트폰', '햇살' 등 다양한 답이 나오겠죠.

그럼 아이는 '나를 보며 웃는 것들'이라는 범주에 '고양이, 엄마, 꽃, 스마트폰, 햇살' 등을 넣을 수 있게 되는 겁니다.

아이가 자신만 아는 하나의 카테고리를 직접 창조한 거라서 더 의미가 있습니다.

이렇게 아이가 자신이 좋아하는 것을 골라서 경험을 바탕으로 정의를 하고, 그것과 같은 것들을 하나의 범주로 창조해서 엮는다는 것은 마치 또 하나의 세계를 창조하는 것처럼 대단한 변화입니다.

다음에 이어지는 내용에서 더 깊이 있게 다룰 예정이니 일단 여기에서는 이 정도에서 마무리를 하려고 합니다.

마지막으로 왜 이런 과정을 거쳐야만 하는지, 이 과정이 글쓰기라는 창구를 통해 아이 삶에 어떤 영향을 미치는지를 우리가 잘 아는 방탄소년단의 활약으로 설명해보겠습니다.

먼저, 여러분께 재미있는 질문을 하나 던져봅니다. 만약 방탄소년단에게 "여러분이 지금 이 자리에 오기 위해서 쏟은 노력을 종이에 쓴다면 몇 장이나 필요할 것 같나요?"라고 물으면 뭐라고 답할 것 같으세요. 그리고 만약 그들이 자신들이 그간 노력한 시간을 300장의 종이에 가득 적었다고 한다면, 여러분은 그 두꺼운 종이를 보며 어떤 생각을 할 것 같나요.

3센티미터가 넘는 종이 두께를 보며 우리는 태도에 따라 두 가지 생각을 할 수 있습니다. 하나는 다수의 생각이죠.

"역시 아무나 할 수 있는 게 아니구나. 나는 절대 할 수 없어. 한 장 쓰는 것도 힘든데 300장이라니!"

그러나 소수의 도전과 성장을 즐기는 친구들은 이렇게 생각합니다.

"그래, 그 정도는 해야 원하는 것을 얻을 수 있지. 좋아, 나도 한번 시도해보자."

지금 아이에게 한번 질문해보세요.

"너는 친구들이 무언가를 해내는 모습을 보며 '나는 저렇게 해내지 못할 거야.'라는 마음에 기분이 침울해지니, 아니면 '나도 그 정도는 할 수 있어!'라는 생각에 오히려 기분이 좋아지니?"

같은 상황을 봐도 이렇게 누군가는 침울해지고 다른 누군가는 기쁨에 흠뻑 빠져드는 상태가 됩니다. 방탄소년단은 후자였고, 그들이 맞이한 현재가 그것을 증명하고 있습니다.

같은 상황도 바라보는 시선에 따라 우리에게 다른 기분을 선물해줍니다. 할 수 있다는 생각으로 바라보면 할 수 있는 방법과 길이 보이죠. 만약 '성공'이나 '성장'이라는 명사를 스스로 '무언가 하나를 얻기 위해 오랫동안 분투하며 노력한 사람만 가질 수 있는 것'이라고 정의할 수 있다면,

방탄소년단이 쓴 300장의 종이를 보며 깨달음을 얻을 수 있습니다.

그것이 바로 우리가 '나만의 명사 만들기'를 배운 이유입니다. 뭐든 스스로 정의한 명사는 우리의 삶과 지성을 튼튼하게 해줍니다. 그 가치를 보세요.

첫 문장 수월하게 쓰는 비장의 기술

뮤든 처음이 어렵습니다. 글쓰기는 더욱 처음이 어렵습니다. 의자에 앉아 글을 쓰려고 할 때 가장 두렵고 무서운 순간이 바로 첫 문장을 쓰는 과정입니다.

30단어를 스스로 정의하며 기본적인 글쓰기 실력을 갖게 되어도 시작은 언제나 쉽지 않을 가능성이 높습니다. 경험한 적이 없으니 당연합니다. 그러나 주눅이 들 정도로 긴장할 필요는 없습니다. 아이에게 꼭 알려주세요. 첫 문장을 수월하게 쓰지 못하는 이유는 글쓰기 능력이 부족해서가 아니라 누구나 겪는 과정이라는 사실을 말이죠.

그럼, 하나하나 이유를 찾아볼까요. 대체 왜 그렇게 첫 문장 쓰는 일은 어려운 것일까요? 시대를 뒤흔든 대문호에게도 그건 결코 쉬운 일이 아닙니다. 하지만 답은 의외로 간단합니다.

"어렵게 생각하기 때문입니다."

그럼 왜 어렵게 생각하는 걸까요?

"멋지게 시작해야 한다는 생각 때문입니다."

그래서 어려울수록 쉽고 빠르게 시작할 필요가 있습니다. 게다가 얼마나 간단합니까. 멋지게 써야 한다는 생각만 버리면 다음 3단계 방법을 통해 당장 쉽게 시작할 수 있게 됩니다.

1. 현재 자신의 기분 상태를 파악하세요.

이를테면 '습관'을 주제로 글을 쓰려고 하는데 정말 아무런 생각도 나지 않고 도저히 쓸 수 없다는 기분이 들면, 바로 현재 느끼는 기분 상태를 첫 문장으로 쓰면 됩니다.

2. 기분도 종이에 쓰면 글이 됩니다.

예를 들면 이런 식으로 말이죠.

"습관을 주제로 글을 쓴다는 건 참 어려운 일이다. 이렇게 첫 문장을 쓰지 못하고 생각만 하고 있으니 말이다."

어떤가요? 그럴듯한 시작이라고 볼 수 있겠죠.

3. 첫 문장의 이유를 설명해주세요.

앞에 쓴 글의 이유를 설명하면서 우리는 쉽게 글의 몸집을 불릴 수 있습니다. 앞에 쓴 문장에 대한 설명을 연결해서 이렇게 이어나갈 수 있죠.

"바로 그렇다. 쓰지 않는 일상을 습관처럼 살고 있으니, 그 습관에서 갑자기 벗어나는 게 이렇게 힘든 거다. 습관에 대한 글을 쓰며 습관의 가치를 다시 절감하게 된다."

이렇게 내용과 전혀 관계가 없다고 생각하는 문장도 일단 쓰다 보면 결국에는 주제와 연결되는 지점을 만날 수 있습니다.

다른 방법은 없냐고요? 물론 다른 방법도 있습니다. 좋아하는 음악을 듣거나 편안한 장소에 가서, 쓰겠다는 마음을 비우고 음악과 풍경을 감상하는 것입니다. 그럼 마음이 차분해져서 이런 방식의 글이 나올 수 있습니다.

"좋아하는 음악을 감상하니 마음이 차분해져서 참 좋다. 이렇게 기분을 좋게 만드는 음악을 습관적으로 들으면 참 좋을 것 같다는 생각이 든다. 글이 나오지 않아 순간적으로 들었던 나쁜 감정을 순식간에 제거하고 가장 좋은 것만 남겨주기 때문이다."

어떤가요? 멋진 글을 써야 한다는 생각을 버리고, 지금 하고 있는 생각과 기분을 자연스럽게 쓰면서 시작하니 어느새 진심이 담긴 근사한 글이 되어가는 게 느껴지지 않나요?

프로 작가에게도 첫 문장을 쓰는 일은 매우 두렵고 힘든 일입니다. 아직 누구도 가본 적이 없는 길이기 때문이죠. "나도 내 나이가 처음이야!"라는 말도 있잖아요. 인생을 사는 일도 그런 것처럼, 일단 생각하는 것을 자꾸 시도하며 자기만의 길을 찾아내야 합니다. 자꾸 시도하면 원하는 목적지로 가는 길이 조금씩 보이기 시작할 테니까요.

아이도 마찬가지입니다. 글을 쓸 때 최대한 편안한 상태를 유지하는 게 좋죠. 아이가 스스로 생각한 것을 진실하게 쓸 수 있게 해주세요. 쓰려는 내용이 진실하다면 그렇게 마무리한 글이 빛나지 않을 수 없을 테니까요.

그래도 힘들면 마지막 줄을 먼저 쓰고 시작하세요

"아무리 노력해도 첫 줄을 쓰지 못하겠어요."

　괜찮아요. 그럴 수 있습니다. 쓰지 못해서 괴로운 아이의 마음을 먼저 위로해주세요. 아무리 방법을 생각해봐도 첫 줄을 시작하기 힘들 때, 아이가 쓸만한 궁극의 방법이 하나 더 있으니까요. 바로 마지막에 쓰고 싶었던 한 줄을 먼저 쓰고 시작하는 것입니다. 어때요? 상식을 완전히 깨는 새로운 방식이죠.

　다시 한번 말하지만 글쓰기는 끊임없이 자신만의 방식

을 발견하는 행위입니다. 쉽고 빠르게, 지성이 느껴지며 흥미롭게, 같은 주제도 새롭게 쓸 수 있는 자신만의 방법을 찾아야 합니다. 이것이 바로 글쓰기의 본질 중 하나입니다. 꼭 이 부분을 아이가 알 수 있게 해주세요.

∿∿∿

정해진 길은 하나도 없다.
글쓰기는 끝없이 자신만의 방법을 찾는 일이다.

∿∿∿

다시 본론으로 돌아가죠. 누구든 글을 쓰기 시작할 때 "이 내용은 반드시 써야지."라는 문장을 가슴에 품고 시작합니다. 어떤 주제가 주어지든 자신이 이야기하고 싶은 내용이 있기 마련이죠. 아이는 더욱 그렇습니다. 장난감을 사고 싶거나 게임을 더 하고 싶거나, 늘 분명한 목적을 정해놓고 말을 시작하죠. 그렇게 숨겨둔 마지막 한 줄을 먼저 쓰고 시작하는 겁니다.

그럼 어떻게 될까요? 맞습니다. 마지막 줄에 맞는 생각들이 저절로 하나둘 떠오르기 시작할 겁니다. 끝에서 시작해서 하나하나 조립하며 앞으로 나가는 겁니다. 왜, 뭐든 결과를 보면 쉽게 느껴지잖아요. 그 효과를 그대로 누리는 거죠.

예를 들면 이렇습니다. '독서'를 주제로 글을 쓴다고 생각해보죠. 그럼 어른들도 사실 첫 줄을 쓰기 힘듭니다. '독서'는 익숙하지만 그래서 너무나 막연한 주제이기도 하니까요. 그럴 때 평소 독서에 대한 생각을 글의 결론으로 정해서 마지막 한 줄로 쓰는 겁니다. 이렇게 말이죠.

"독서는 지루하지만 그럼에도 반드시 해야 하는 최고의 습관이다."

이렇게 마지막 한 줄을 먼저 쓰고 시작하면, 순식간에 쓸 수 있는 여지가 늘어나고 생각이 마구마구 떠오르게 될 겁니다.

'지루하게 책을 읽었던 경험.'

'독서가 습관이 되려면 어떻게 해야 하나.'

'읽는 습관을 만들면 인생이 어떻게 변하는가.'

이런 소주제에 대한 글을 쓸 수 있게 됩니다. 그리고 세 개의 소주제를 하나로 연결해서 마무리를 지을 수 있게 되는 것이죠.

글을 쓸 땐 늘 이렇게 무언가를 주장하는 세 가지 이유를 들어 설명하는 게 가장 좋습니다. 그게 안정적이며 읽는 사람이 볼 때도 쉽게 이해가 되기 때문입니다.

1. 먼저 독서를 지루하게 여겼던 나의 과거를 보여주자.

2. 지루한 독서를 멋진 습관으로 만들었던 나만의 방법을 쓰자.

3. 마지막으로 독서를 습관으로 만들어서 달라진 부분을 언급하자.

~~~

이렇게 마지막 한 줄을 쓰고 시작하면, 모든 글이 쉽게 저절로 풀립니다. 마치 엉킨 실타래가 거짓말처럼 스르륵 풀리듯 말이죠.

다시 강조하지만, 글쓰기는 방법을 찾는 일입니다. 그러기 위해서는 기존에 존재하던 원칙을 깨야 합니다. 첫 줄부터 시작해야 마지막 줄에서 결론을 완성할 수 있다는 말을 이렇게 바꾸는 거죠.

~~~

글을 쓸 때 가장 처음에 써야 할 부분은 마지막 줄이고, 가장 마지막에 써야 할 부분은 첫 줄이다. 마지막 한 줄을 써야 앞으로 글을 어떻게 써야 할지 방향을 잡을 수 있고, 가장 마지막에 근사한 첫 줄을 완성할 수 있기 때문이다.

~~~

어떤가요? 실제로 많은 대문호가 썼던 방법입니다. 인기 곡을 많이 쓴 작곡가들도 마찬가지입니다. 보통 후렴 부분을 먼저 쓰고 나서 작곡을 진행하기도 하죠. 이유는 간단합니다. 하나는 후렴 부분이 가장 중요하기 때문이고, 나머지 하나는 그렇게 써야 좀 더 수월하게 생산적으로 창조할 수 있기 때문입니다.

이 부분에 대해서 아이가 흥미를 가질 수 있게 아이가 좋아하는 가수의 예를 들면서 이해를 돕는다면 더욱 쉽게 알아들을 수 있으니 참고해주세요.

아이만의 답을 찾아 글로 쓰게 하는 대화법

글쓰기에서 반드시 명심해야 할 조언이 하나 있습니다. 그건 바로 "정답을 주는 방식의 교육에서 벗어나야 한다."는 것입니다. 정답이 정해진 글을 제시하거나 정답을 정해 주며 글을 쓰게 한다면 오히려 아무것도 하지 않는 편이 낫습니다. 글쓰기까지 주입식 교육을 해서는 곤란합니다.

이를테면 이런 것들이죠.

"우리는 왜 어려운 사람을 도와야 하는 걸까?"

"길에서 몸이 불편한 사람이 무거운 짐을 들고 있는 광경을 보면 어떻게 해야 하지?"

"부모님이 집안일을 하실 때는 어떻게 해야 하지?"

부모는 으레 이런 주제의 글을 통해 부모 입장에서 각자 전하고 싶은 메시지를 아이에게 주입시키고 싶어합니다. 그러나 아이에게 강요할 수는 없는 일입니다. 아이의 생각은 다를 수 있어요. 사람마다 도덕과 친절에 대한 정의도 다르며, 때론 원칙을 지키기 힘든 불가피한 상황도 있으니까요.

문제는 여기에서 끝나지 않습니다. 간혹 글의 흐름과 결론까지 문제를 삼는 부모도 있습니다. 가령 "길에서 어려운 사람을 만나서 도움을 준 경험을 글로 쓰라."는 부모나 교사의 요구에 아이가 "길에서 짐을 들고 계신 몸이 불편한 할머니를 만났는데, 그때 나도 몸이 조금 피곤해서 도와드리지 않고 그냥 집으로 왔다."라는 식의 글을 썼다고 하죠.

이런 때에는 글을 사실 그대로 그냥 두는 게 가장 좋습니다. 부모가 개입해서 "네가 아무리 힘들어도 할머니보다 힘들겠어?", "무조건 할머니의 짐을 들어서 도움을 줘야 하는 거야."라는 식으로 말하며 글의 방향까지 수정하려고 한다면, 두 가지 부작용이 나타날 가능성이 높습니다.

하나는 남이 보기 좋게 글을 써야 좋은 글이라는 잘못된 관념이고, 나머지 하나는 내가 생각하는 진실은 별로 중요하지 않으니 세상이 원하는 정답을 쓰면 된다는 노예 근성이 바로 그것입니다.

다시 한번 강조하지만, 아이가 스스로 원하는 주제의 글을 쓰게 하는 것이 가장 좋습니다. 만약 주제를 스스로 고르기 어려워한다면 과정과 결론은 스스로 결정할 수 있게 해야 합니다.

방법은 어렵지 않습니다. 가만히 기다리면 아이는 좋은 마음을 꺼내 보여줄 겁니다. 그러니 세상이 좋다는 각종 의미를 아이에게 주입하려고 하지 마세요. 대신 아이가 다양한 종류의 경험을 통해 스스로 깨닫는 삶을 살 수 있도록 충분한 시간과 기회를 허락해주세요. 아이는 언제든 스스로 원하는 것을 선택할 준비를 마친 상태입니다. 부모가 그것을 허락만 하면 누구보다 멋지게 하늘을 날아갈 수 있을 겁니다.

만약 부모가 그것을 허락하지 않는다면 어떤 일이 펼쳐질까요. 부모와 세상이 정답이라고 강요하는 것을 쓰기 위해 아이는 자기 삶에 없던 것을 쓰게 됩니다. 쉽게 말해서 거짓이라는 허구를 쓰는 것이죠. 그 광경을 상상해보세요.

여러분이 아이 입장이라면 얼마나 억울하고 분할까요? 스스로 기껏 생각한 것을 지우고 이미 정해져 있는 답으로 고치라고 한다면 어떨까요? "대체 내게 글은 왜 쓰라고 한 거지. 그냥 부모님이 원하는 글을 보여주면 그걸 그대로 베껴 쓰면 되잖아."라는 식으로 불만을 드러낼 가능성이 높습니다. 아이에게 "너의 생각을 글로 써보자."라고 말할 때는 매우 신중하고 조심스러워야 합니다.

다음 두 가지를 명심해 주세요.

〰〰

1. 아이가 스스로 자신의 감정을 소중하게 대할 수 있게 부모 자신의 의견을 강요하지 말자.

2. 세상이 정한 정답을 억지로 답하지 않도록 자신의 생각을 그대로 쓸 자유를 보장하자.

〰〰

물론 세상에는 지키면 좋을 것들이 있습니다. 하지만 그렇다고 아이에게 거짓을 가르칠 수는 없습니다. 일단은 솔직하게 자신의 생각과 느낌을 그대로 표현하게 해주세요. 세상에 진실한 글보다 힘이 센 글은 없습니다.

자유롭게 진실을 담아 쓴 글이 최고의 글이라는 사실을 잊지 않도록 해주세요. 그래야 스스로 느낀 것을 가장 창의적으로 표현할 수 있게 됩니다.

주제를 정하고 정답을 요하는 글을 쓰게 하는 것은 아이를 세상의 명령만 기다리는, 말 잘 듣는 노예로 키우는 것과 같습니다. 아이를 걱정하는 부모의 마음을 이해는 합니다. 이따금 부모들은 앞에서 언급한, 자기 몸이 피곤해서 길에서 할머니를 돕지 않았던 그 일로 아이가 비정상적인 길로 들어서거나 삐뚤어진 방식의 삶을 살게 될까 걱정하는데 전혀 그렇지 않습니다.

"오늘 몸이 정말 힘들었나보구나."

"그래, 네 몸이 아플 때 남을 돕는 것도 그리 현명한 선택은 아니지."

이런 대화를 하다 보면 아이가 스스로 "네, 그래도 다음에는 꼭 할머니를 돕고 싶어요. 그때 몸이 피곤하다는 이유로 돕지 못한 기억이 계속 나서 마음이 아프거든요."라고 말하며 스스로 옳다고 생각하는 길을 찾아낼 겁니다.

아이는 솔직한 마음이 담긴 글을 쓰며 스스로 가장 근사한 길을 찾아갈 것입니다. 그 과정을 의심하지 마세요. 자신의 생각을 글로 쓰는 아이의 모습을 한번 바라보세요. 이미 아이 스스로 저렇게 굳게 자신을 믿고 있잖아요.

이야기를 만들어 의견을 주장하는 글을 쓰는 법

30단어를 통해 인문학 글쓰기를 배우는 가장 큰 목표 중 하나는 자신의 생각을 글로 써서 상대방에게 보여주는 데 있습니다. 혼자만 읽는다면 일기 이상이 될 수 없지요. 누군가에게 자신의 글을 보여주며 어떤 의견을 전하려면 선명하게 생각을 정리해서 글로 표현해야 하고, 또 물이 흐르듯 자연스럽게 읽히는 게 중요합니다.

글쓰기 초보인 아이도 가장 쉽게 할 수 있는 방법을 하나 소개합니다. 매일 하나씩 한 달만 꾸준히 연습하면 '표현력'과 '논리력', '문장력'이 몰라보게 달라지게 되는 효과적인 방법입니다.

  1. 주장하는 내용을 한 줄로 정리하자.

  먼저 주제를 하나 정합니다. 예를 들어서 '공부'를 주제로
한다면, "너는 공부에 대해 어떻게 생각하니?"라고 가볍게
묻는 것에서 시작하는 것입니다. 다양한 답이 나올 수 있습
니다. 그렇게 나온 답을 한 줄로 정리해서 쓰는 겁니다. 이를
테면, "나는 공부를 꼭 해야 한다고 생각합니다. 그래야 발전
할 수 있기 때문입니다."라는 식으로 주장을 한 문장으로 적
는 것이지요.

  2. 한 명 이상의 인물을 선택하자.

  주변 친구나 가족 혹은 아이가 좋아하는 만화나 게임에
나오는 가상의 인물도 좋습니다. 아이가 가장 잘 알고 있고
믿음을 갖고 있는 한 사람을 직접 고르게 해서 이렇게 질문
하는 겁니다.

  "그 사람은 '공부'에 대해 어떻게 생각할까?"

  이 질문은 자연스럽게 자신이 아닌 다른 사람의 의견을
생각하게 함으로써 그들의 생각과 행동을 짐작하는 시간을
가질 수 있게 하는 것이지요. 이를 통해 아이는 다른 사람의

마음을 이해하려는 행위의 가치와 방법까지 배우게 됩니다. 또한 사람은 같은 대상을 바라보면서도 전혀 다른 생각을 할 수 있다는 것을 알게 되어 벽이 없는 깊은 글을 쓸 수 있게 됩니다.

3. 두 사람의 의견을 하나로 결합하자.

자신의 의견 하나로만 글을 쓰면 자꾸만 막막해집니다. 쓸 내용이 없고 스스로도 재미가 없다고 생각하게 되지요. 이때 앞서 가장 믿는 한 사람을 정해 상상 속에서 질문해서 나온 답을 자신의 의견과 연결해서 글로 쓰면 훨씬 농밀한 내용의 글을 완성할 수 있습니다.

매우 고난도의 방법이지만 원리만 알면 간단하게 언제든 따라할 수 있습니다. 만약 "내가 좋아하는 게임 속 캐릭터인 '엔틱'은 공부를 밥먹듯이 합니다. 배워야 다음 단계로 넘어갈 수 있기 때문입니다."라고 말했다면 이렇게 하나의 글로 연결하는 것입니다.

"공부는 꼭 해야만 하는 걸까요? 나는 공부를 꼭 해야 한다고 생각합니다. 그래야 발전할 수 있기 때문입니다. 내가 좋아하는 게임 속에 나오는 멋진 '엔틱' 역시 공부를 열심히 합니다. 밥먹듯이 하고 있지요. 그렇게 배워야 다음 단계로 넘어갈 실력을 갖출 수 있기 때문입니다."

어떤가요? 매우 간단하게 멋진 글을 하나 완성했습니다. 게다가 타인의 생각과 자신의 의견이 자연스럽게 연결되어 있어서 흥미롭고 생생하게 읽히지요. 또한 타인의 의견도 반영되었기 때문에 좀 더 공평한 시선에서 자신의 주장을 전할 수 있다는 장점도 있습니다. 전혀 어려운 일이 아닙니다. 이렇게 방법을 생각하면 얼마든지 누구나 당장 좋은 글을 쓸 수 있습니다.

지금까지 아이가 자신의 의견을 주장하는 글을 제대로 쓰지 못한 이유는 주장하는 생각이 없어서가 아니라, 글을 완성할 재료가 부족했고 스스로 생각해도 자신의 글감에 흥미를 느끼지 못했기 때문입니다.

이렇게 자신의 생각에, 아이가 스스로 믿는 한 사람의 생각을 더하면 쉽고 빠르게 글을 쓸 수 있습니다. 게다가 앞에서 언급한 것처럼 글을 쓰며 타인의 생각과 의견을 짐작하는 훈련도 할 수 있어서 표현력과 논리력, 문장력에 인성까지 더해서 갖출 수 있어 더욱 좋습니다.

맥락을 버려야
범주가 보입니다

저는 처음 글을 쓰는 사람에게는, 특히 이제 글쓰기를 배우는 아이에게는 우리나라 사람들이 특히 좋아하는 '맥락(脈絡, context)'이라는 개념을 아예 잊으라고 조언합니다. 맥락이라는 늪에 빠지면 하나를 선택해서 주장하기 매우 힘들어지기 때문입니다.

일단 세상이 정한 맥락의 의미는 '사물 따위가 서로 이어져 있는 관계나 연관'을 말합니다. 그러나 저는 다시 이렇게 정의하고 싶습니다.

'자신이 원하는 유리한 위치를 선점하기 위해서 자기 위

주로 의미를 변주할 때 활용하는 표현'

실제로 우리는 이런 이야기를 자주 듣습니다.

"에이, 그건 오해입니다. 맥락을 잘 살펴보면 다르죠."

"그렇게 해석하시면 조금 과하죠. 맥락을 다시 살펴보세요."

누군가 자신에게 피해를 호소하거나 불리한 입장의 이야기를 할 때면 늘 등장하는 것이 "맥락을 다시 살펴보라."는 말입니다.

여기까지 말하면 "맥락은 좋은 의미라고 알고 있는데, 너무 과하게 해석하는 것 아닌가요?"라고 반문할 수도 있습니다. 물론 맞는 말입니다. 하지만 제가 지금 다루는 분야가 글쓰기라는 사실을 다시 떠올릴 필요가 있습니다.

맥락이라는 절묘한 지적 도구가 세상을 어떻게 혼란스럽게 만드는지 한번 살펴볼까요. 이를테면 "축구는 다리만 사용하는 야만적인 운동이다."라고 주장한 글은 맥락을 바꿔서 이렇게 해석할 수 있습니다.

1. 축구는 인간의 손을 사용하지 않는 야만적인 운동이다.

⇒ 아니다. 축구는 다리를 손처럼 섬세하게 활용하는 가장 지적

인 운동이다.

2. 축구는 골키퍼 한 사람만 괴롭히는 짐승이나 하는 야만적인
   운동이다.

⇒ 아니다. 축구는 골키퍼의 손을 가장 아름답게 활용하게 하는
   예술적인 운동이다.

이렇게 같은 상황과 문장도 시각을 바꾸면 얼마든지 자신에게 유리하게 변주할 수 있습니다. 같은 운동이지만 맥락에 따라 짐승의 운동이 되기도 하고 인간의 예술이 되기도 하지요.

맥락은 매우 이성적이며 과학적인 장치라고 생각할 수도 있지만, 오히려 관계를 생각한 비과학적인 장치라는 사실을 기억할 필요가 있습니다. 글쓰기를 돕는 과학적인 사고를 위해서는 맥락에서 벗어나 생각할 수 있어야 합니다. 그래서 하나 묻고 싶습니다.

"여러분은 맥락을 주도할 수 있나요?"

다양한 영역에서 많은 지식을 바탕으로 생각할 수 있는 사람이, 거짓을 말하지 않고 사는 것은 매우 어렵습니다. 그건 마치 숨을 쉴 수 있지만 쉬지 않고 죽음을 선택하는 것과 같죠. 너무 과장하는 거라고 생각하시나요?

하지만 안타깝게도 현재 우리들 곁에 사는 수많은 지식인들이 오늘도 그 사실을 증명하고 있습니다. 같은 말도 그들은 어제와 오늘 전혀 다르게 해석하며, 자신의 이익에 맞게 바꿔서 자리와 명예를 지키는 데 활용하고 있지요.

방법은 간단합니다. 앞서 언급한 것처럼 그들에게는 맥락이라는 기적과도 같은 변주의 도구가 있기 때문입니다. "맥락을 보세요."라는 차분한 말로 시작해서 그들은 늪에 빠진 언어를 천국으로 옮길 수도, 반대로 천국에 사는 언어를 늪에 빠지게 만들 수도 있습니다.

제가 이런 이야기를 굳이 여기에서 논하는 이유가 무엇 때문일까요? 그들과 겨뤄서 맥락을 주도할 수 있는 사람만이 그들에게 진실을 요구할 수 있기 때문입니다.

"우리는 언어와 싸우고 있다."

이 사실을 기억하며 살아가는 사람만이 그 경지에 도달할 수 있습니다.

〰〰

생각을 주도하며 '진실을 요구할 것'인가,

아니면 속고 실망하며 '자책할 것'인가.

〰〰

선택은 언제나 우리 자신의 몫입니다. 만약 전자의 삶을 추구하며 아이에게도 그런 주도적인 삶을 살 수 있게 해주려면 매일 글을 쓰는 일상이 필요합니다.

저는 지난 20년간 매일 새벽 3시에 그날의 첫 단어를 써 왔습니다. 맞아요. 그 시간에 매일 일어나 집필을 시작합니다. 중요한 것은 '새벽 3시'라는 시간이 아니라, '매일' 그것을 반복한다는 사실입니다. 하루에 15시간을 쓰는 날도 있고 두 시간만 쓰는 날도 있지만, 새벽 3시에 첫 단어를 쓰는 습관은 계속해서 이어지고 있답니다.

"나는 쓸 수 있다."라는 확신과 "나는 내 삶을 주도할 수 있다."라는 믿음은 결국 '매일'에서 나옵니다. 결코 쉬운 과정은 아닙니다. 월요일 새벽 3시에는 불가능하게 생각했던 것들이 수요일에는 조금 희망이 보이고 금요일에는 스스로 나아진다는 느낌이 들죠. 결국 주말에는 언제나 기쁨이 가득한 상태로 그 주에 계획한 글을 마무리합니다. 불안한 마음은 언제나 새벽 3시를 반복하며 희망으로 바뀌죠.

만약 아이가 불안한 마음을 잠재우고 매일 같은 시간에 방에 들어가 글을 쓸 용기를 낼 수 있다면, 그 아이는 조만간 근사한 글을 완성하게 될 것입니다. 굳이 새벽 3시 글쓰기를 하거나 하루 10시간 글쓰기를 할 필요도 없습니다.

아이가 원하는 시각에 10분이라도 시간을 내서 매일 반복하는 게 중요합니다.

"아무것도 쓸 수 없다."라는 두려움이 "내가 과연 이 글을 완성할 수 있을까?"라는 의문에 마침표를 찍을 때, 우리는 비로소 완성을 향한 한 줄의 글을 쓸 수 있습니다. 잊지 말아요. 강렬하게 자신을 믿는 마음이 글쓰기에 필요한 가장 큰 재능입니다.

글쓰기의 속도를 높이는 4가지 방법

　뭐든 지름길은 없습니다. 다만, 속도를 높여 조금 더 빠르게 도착할 수는 있지요. 그건 아는 사람만 누릴 수 있는 가장 높은 지혜의 영역입니다.

　순리대로 흐르는 것도 매우 중요하지만, 글쓰기는 다이어트와 같아서 스스로 나아지고 있다는 속도감이 느껴져야 즐겁게 해낼 수 있습니다. 아무리 굶으며 운동을 지속해도 살이 전혀 빠지지 않으면 결국 다이어트를 포기해버리는 것처럼 말이죠. 속도는 그래서 중요합니다. 기다리기를 힘들어하는 아이에게는 더욱 절실한 문제이지요.

이제 오랫동안 연구하며 깨달은 글쓰기의 속도를 높이는 4가지 방법을 전합니다. 간단하다고 생각할 수도 있지만, 글쓰기의 속도를 높이는 데 매우 결정적인 역할을 하니 귀기울여 들어주시길 바랍니다.

1. 구조를 먼저 그리고 시작하세요.

공터에 건물을 하나 짓는다고 생각하면 이해가 쉽습니다. 터를 잡고 창을 내고 현관을 지나 거실로 들어간다는 생각을 하듯, 하나하나 글을 써서 완성해가는 거죠. 굳이 견고하거나 정밀할 필요는 없습니다.

"여기는 대화를 배치하고 저기는 주변 사람들의 생각을, 그리고 마지막에는 내가 평소에 꼭 하고 싶었던 이야기를 배치하자."라는 식으로 간단하게 글의 구조를 잡는다고 생각하고 시작하면 됩니다. 원하는 대로 '대화 + 내 생각 + 결론', 이런 식으로 구상하며 시작하면 됩니다.

2. 수정은 가장 마지막에 하면 됩니다.

글을 쓰는 도중에 한 줄 쓰고 수정하고 또 한 줄 쓰고 수정을 하게 되면 시간이 매우 지체되고 쓰려는 의욕도 반감되죠. 자꾸 멈추면 지치기 마련입니다. 중간중간 자꾸 멈춰서 수정하기보다는 끝까지 글을 완성한 후에 수정을 하는 게 효율적입니다.

아이가 쓴 글을 그대로 받아들여야 아이 입장에서도 신이 나서 흥미를 갖고 지속할 수 있습니다. 어차피 다 쓰고 나서는 처음부터 읽어보며 검토하는 시간을 보내야 하기 때문이죠. 그런 방식으로 진행하면 나중에 검토와 수정을 동시에 할 수 있으니, 집중력도 좋아지고 시간도 아낄 수 있습니다.

3. 모르는 것은 과감하게 버리세요.

"아, 이번 이야기는 꼭 넣고 싶은데!"

꼭 넣고 싶은 이야기가 있는데 진도가 나가지 않는 부분이 있죠. 이유가 뭘까요? 넣고는 싶지만 그 내용에 대한 지식이 부족하기 때문입니다. 당장 공부를 하거나 경험을 해야 하기 때문에 시간은 더욱 지체되지요. 상상력을 동원해서 쓸 수도 있으나, 경험이 전혀 없는 상태에서는 상상력도 큰 힘이 되어주지 못합니다. 아예 모르는 것은 상상도 어렵죠.

그럴 때는 괜히 시간만 낭비하지 말고 과감하게 버리고 다른 글감을 찾는 게 좋습니다. 과감하게 버릴 수 있어야 더 잘 맞는 것을 찾을 수 있답니다.

4. 오타와 문법은 나중에 생각하기로 해요.

오타와 문법은 글쓰기에서 가장 많은 시간을 필요로 하는 부분입니다. 아무리 찾아도 발견하지 못하다가 나중에 오타가 발견되어 당황하게 만들기도 하죠.

하지만 선택이 중요합니다. 제가 발견한 것은 오타와 문법에 대한 부분보다는 일단 창의적인 글을 완성하는 게 우선이라는 사실입니다.

"이게 문법에 맞는 건가?"

"띄어쓰기가 이게 맞나?"

이런 생각은 글을 쓸 때 아예 머리에서 삭제하는 게 좋습니다. 하나하나 생각하고 고민하다 보면 겨우 찾아온 창의적인 영감이 떠날 수도 있기 때문입니다. 창의성이 우선이고, 오타나 문법적인 문제는 이후에 얼마든지 수정할 수 있다는 사실을 기억해주세요.

앞서 잠시 말했지만 진도가 나가지 않으면 아이는 결국 지쳐서 중간에 멈추게 됩니다. 생각해보면 그렇게 중간에서 흐지부지된 일이 꽤 많지요. 그래서 속도를 높이는 과정이 꼭 필요합니다. 때로는 진도를 빠르게 나갈 필요도 있는 거죠.

특히 초기에는 반드시 위 4가지의 조언을 실천해야 원하는 결과를 낼 가능성이 높으니 꼭 기억해주세요. 결국 하나의 글을 완성하는 아이는 능력이 뛰어난 아이가 아니라 글쓰는 것을 포기하지 않은 아이라는 사실을 기억해주세요.

왜 인문학 글쓰기인가?

여러분, 책의 마무리를 "모든 글과 조언을 나의 것으로 만들겠다."라는 강렬한 눈빛으로 더 집중해서 읽어주시길 바랍니다. 깨달음은 때론 간절함에서 나오기도 하니까요.

저는 평생을 글쓰기와 함께 살았다고 해도 전혀 무리가 없을 정도로 삶의 조각이 온통 글쓰기로 가득합니다. 매년 두 권 이상의 책을 쓰며 지금까지 총 60권 정도의 책을 낸 것을 대단하게 생각하실 수도 있지만, 사실 그건 글쓰기를 통해 얻은 조각의 하나일 뿐입니다.

제가 다녔던 수많은 직장들 역시 분야는 모두 달랐지만

글쓰기 능력 덕분에 성과를 낼 수 있었습니다. 또한, 20년 넘게 지속한 다양한 분야에서의 강연 역시 글쓰기에서 시작한 활동이었습니다. 논술학원에서 입시생들에게 논술과 언어 영역을 가르칠 수 있었던 것도 마찬가지로 글쓰기 능력 덕분이었고요.

생각해보면 우리를 둘러싼 거의 모든 일에는 글쓰기가 많은 부분을 차지하고 있습니다. 아무리 근사한 생각을 해도 그것을 글로 쓰지 못하면 주변에 전파할 수가 없기 때문입니다. 써야만 자신의 영역을 확장할 수 있죠.

여기에서 중요한 사실 하나를 알려드리겠습니다. 질문입니다. 제가 30년 동안 글쓰기를 지속하며 얻은 게 무엇일까요?

"글쓰기를 더 잘하게 되었다."라는 답변이 가장 많이 나오는데 실상은 그렇지 않습니다. 글쓰기는 '잘한다'라는 범주에 속하는 것이 아니기 때문입니다.

제가 지난 30년 동안 글쓰기를 하면서 얻은 것은 "제가 생각한 것과 가장 유사한 글을 쓸 수 있게 되었습니다."라고 말할 수 있습니다. 누구든 생각한 것 이상을 글로 쓸 수는 없습니다. 우리가 글쓰기를 배우는 이유 역시 생각을 그대로 표현하기 위해서입니다. 매우 중요한 사실입니다.

또한, 그것이 제가 강조하는 인문학 글쓰기의 핵심이자 궁극적인 지향점이기도 합니다. 일상에서 오해가 생기는 이유 역시 생각을 글로 제대로 전하지 못해서 일어나기 마련이니까요.

생각을 그대로 제안서에 그리고 기획안과 각종 서류에 글로 표현할 수 있다면 우리의 삶은 더욱 넉넉해지고 감정과 시간도 낭비하지 않아 풍요롭게 바뀔 것입니다. 네, 그렇습니다. 그게 바로 인문학 글쓰기를 통해 우리가 얻을 수 있는 멋진 결과입니다.

"나는 글을 쓰지 않고 살고 싶은데."

"글쓰기가 필요 없는 곳에서 살면 되지."

이렇게 생각하며 글쓰기를 외면할 수도 있습니다. 하지만 주변을 보면 잘 아시겠지만, 쓰지 못하면 아무것도 해낼 수 없는 시대는 앞으로 더욱 가속도를 내며 질주할 것입니다. 특히 비대면 시대에 들어서며 우리는 예전보다 훨씬 더 많은 비율로 메시지나 메일 등의 글을 써서 소통하고 있습니다.

가끔 학교에서 보낸 아이의 가정통신문을 보면서 "아니, 이게 대체 무슨 말이야? 하자는 거야 말자는 거야?"라는 생각이 들며 글을 이해하지 못해 답답할 때도 있습니다.

그래서 학부모들이 모인 메신저 채팅방에서는 가정통신문에 적힌 글이 무엇을 의미하는지에 대한 토론이 벌어지기도 합니다. 재미있는 것은 그렇게 토론을 하다가 또 서로의 글을 오해해서 싸움이 되기도 한다는 사실입니다. 그럴 때면 늘 이런 생각이 들지요.

"글을 써서 자기 생각을 명확히 전달한다는 것이 이렇게 중요하고, 또 이렇게 힘든 거구나."

주변에서 이미 경험해보셨겠지만 아무리 친분이 두터운 사람과도 글로 써서 소통을 하다 보면 오해가 생겨서 단 하루 만에 사이가 멀어질 수 있습니다. 10년 동안 쌓아온 친분이 글로 인한 약간의 오해로 하루 만에 허물어지는 셈입니다.

그러나 희망적인 부분도 있습니다. 반대의 경우도 존재한다는 사실이죠. 처음 만난 사람이라고 해도 글로 진실한 마음을 전할 수 있다면 단 하루 만에 10년을 쌓은 인연을 맺을 수 있습니다. 정말 근사한 능력이라고 말할 수밖에 없습니다.

이제 글쓰기는 현대인에게 절대 피할 수 없는 삶의 기초적인 능력이며, 특히 글을 처음 배우며 성장하는 아이에게는 마치 몸에 필요한 영양소를 골고루 섭취하듯 반드시 필요한 지적 영양소라고 말할 수 있습니다. 인문학 글쓰기를 통해 자신만의 세계를 창조할 수 있고, 또 그렇게 자신만의 세계를 창조한 아이는 모든 것을 주도하며 근사한 인생을 살아갈 수 있지요.

그래서 이번에는 특별히 30일 동안 다양한 방식으로 아이가 글쓰기를 배울 수 있는 워크북까지 기획해서 집필하게 되었습니다. 이제 더 많은 아이들이 자기 안에 잠든 재능을 깨워서 세상이라는 무대에서 마음껏 펼칠 수 있기를 바랍니다.

그 시작을 응원합니다.

제가 글을 쓰는 이유는 오직 하나,

여러분께 도움을 전하고 싶기 때문입니다.

여러분의 가정이 빛날 수 있도록

제 빛을 나누고 싶습니다.

가정에 늘 좋은 소식만 가득하시길

두 손 모아 간절히 바랍니다.

내 아이를 위한
30일 인문학 글쓰기의 기적

1판 1쇄 펴냄 | 2022년 4월 15일
1판 4쇄 펴냄 | 2022년 5월 20일

지은이 | 김종원
발행인 | 김병준
편집 | 박유진
마케팅 | 정현우 · 차현지
디자인 | 최초아 · 권성민
발행처 | 상상아카데미

등록 | 2010. 3. 11. 제313-2010-77호
주소 | 서울시 마포구 독막로6길 11(합정동), 우대빌딩 2, 3층
전화 | 02-6953-8343(편집), 02-6925-4188(영업)
팩스 | 02-6925-4182
전자우편 | main@sangsangaca.com
홈페이지 | http://sangsangaca.com

ISBN 979-11-85402-55-0 (03370)